Heike Barai
Darum nerven Chinesen

PIPER

Zu diesem Buch

Ob es um die Tücken deutsch-chinesischer Konversation, den in China verbreiteten Aberglauben und seine Folgen oder die Besonderheiten chinesischer Streitkultur geht: Auf höchst unterhaltsame Weise schildert Heike Barai Skurriles und Wissenswertes aus dem chinesischen Alltag und zeigt Land und Leute einmal ganz ohne Weichzeichner. Wollten Sie immer schon Kakerlaken am Spieß probieren? Eine rasante Busfahrt voller Überholmanöver unternehmen? Oder einmal einem echten Dämonen begegnen? Dann sind Sie in China genau richtig! Ein süß-saurer Blick auf das Land der Wanderarbeiter und Fälscherwerkstätten – mit zahlreichen Anekdoten zum Lachen und Staunen.

Heike Barai, geboren 1969, hat Sinologie mit dem Schwerpunkt Modernes China studiert, u. a. in Shanghai. Sie ist Buchautorin und schreibt als Journalistin für zahlreiche Magazine. Regelmäßig ist sie in China unterwegs und lässt sich bei jedem Besuch aufs Neue überraschen vom seltsamen und liebenswerten Reich der Mitte.

Heike Barai

DARUM NERVEN CHINESEN

Der ungeschminkte Wahnsinn des chinesischen Alltags

Piper München Zürich

Mehr über unsere Autoren und Bücher:
www.piper.de

MIX
Papier aus verantwor-
tungsvollen Quellen
FSC® C083411

Originalausgabe
März 2013
© Piper Verlag GmbH, München 2013
Dieses Werk wurde vermittelt durch Aenne Glienke/Agentur für
Autoren und Verlage, www.AenneGlienkeAgentur.de
Umschlaggestaltung: Tom Sprenger, München
Umschlagabbildung: Artwork Tom Sprenger unter der Verwendung
von Motiven der Agentur Bilderberg/Siegfried Martin
Satz: Kösel, Krugzell
Gesetzt aus der Chaparral Pro
Papier: Munken Print von Arctic Paper Munkedals AB, Schweden
Druck und Bindung: CPI – Clausen & Bosse, Leck
Printed in Germany   ISBN 978-3-492-30069-8

INHALT

VORWORT

Liebe Leser,

Kritik an China oder den Chinesen ist wirklich nichts Neues: Die »Gelbe Gefahr« wird in den deutschen Medien fast täglich heraufbeschworen. Doch darum geht es in diesem Buch gar nicht: Politik und wirtschaftliche Analysen oder gar apokalyptische Übernahmeszenarien gibt es hier nur in ganz kleinen Dosen, und auch keine belehrenden Erkenntnisse, warum China doch so ganz anders ist, als es auf den ersten Blick scheint, und Konfuzius den Westen aus der Krise retten könnte.

Es ist nämlich so: Ich mag China. Ehrlich. Nicht nur trotz der vielen Widrigkeiten, mit denen der Alltag in China einhergeht, sondern gerade wegen der vielen schrägen Begegnungen und aus europäischer Sicht so unlogischen Probleme, an denen wir Westler uns regelmäßig die Nase blutig stoßen (und dies nicht nur, weil sie so groß ist).

Man mag den Chinesen allerhand vorwerfen, aber langweilig ist ihr Land nie: Kollektiv scheint man im Reich der Mitte von dem ambitionierten Ziel beseelt, Ausländern jeden Tag und manchmal sogar stündlich neue Herausforderungen vor die Füße zu werfen.

Falls Sie zu den Menschen gehören, die China ganz anders erlebt haben, als hier beschrieben, dann nehmen Sie es einfach chinesisch: China ist so groß und alt, da ist Platz für viele

Wahrheiten. Oder Sie fahren wie ich immer wieder hin und lassen sich überraschen.

Kurzum, dieses Buch ist eine Art Liebeserklärung süß-sauer, und es tut gut, wenn man es mit einer Prise Humor verschlingt.

Wohl bekomm's – oder *màn màn chī.*

Heike Barai

我是文盲人

SCHAU MAL, DER AUSLÄNDER KANN SPRECHEN!

Warum es sich nicht lohnt, das Chinesische perfekt zu beherrschen

Warum sich Ausländer immer im Ton vergreifen

这个句子你肯定看不懂因为你不是中国人. Nichts verstanden? Dann teilen Sie dieses Schicksal mit fast allen Ausländern, die es nach China verschlägt. Und machen Sie sich nichts vor: Dieser Umstand ändert sich auch mit einigen Jahren des Sprachstudiums nicht wirklich. Intensives Büffeln der chinesischen Zeichen führt letztlich dazu, dass man immerhin den Eingang einer U-Bahn von einer unterirdischen Toilette unterscheiden kann und fortan nicht mehr versucht, in einer privaten Kunstgalerie über den Preis von Souvenirs zu verhandeln. Auch reicht es aus, um auf Speisekarten das Zeichen für Fleisch zu erkennen, allerdings wird einem in diesem Moment nur umso schmerzlicher bewusst, dass man wirklich gerne wüsste, um welches Fleisch es sich denn nun genau handelt. Leider ist jedoch gerade dieses Zeichen partout im Wörterbuch nicht zu finden (was im Übrigen ein guter Grund ist, das Fleisch nicht zu essen).

All jenen, die genug Ausdauer und Interesse mitbringen und somit doch noch eine gewissen Lese- und Schreibfertigkeit erreichen, wirft das Leben in China eine weitere Hürde vor die Füße: die Handschrift der Einheimischen. Was Chinesen an Tafeln, auf Wände und auf Plakate kritzeln, ist an Unlesbarkeit kaum zu überbieten. In gewisser Weise ist es gerade diese nonchalante Krakeligkeit, die aus dem Zeichen ein Kunstwerk macht. Zumindest in der Kalligraphie. Ein scheinbar achtlos dahingewischter Pinselstrich auf einem dünnen Läppchen Papier lässt chinesische Betrachter in »Ah« und »Oh« ausbrechen. Welche Grazie! Während wir Westler dieses hochpreisige Kunstwerk insgeheim für den Schmierzettel des Künstlers halten. Für Chinesen ein weiterer Beweis: Diese Barbaren haben einfach keine Klasse.

Man muss dazusagen: Chinesisch ist keine einfache Sprache. Kurz gefasst, sie krankt an zwei entscheidenden Stellen: Alles klingt gleich, das aber in verschiedenen Tonhöhen. Und die Schrift ist eine kaum zu überwindende Hürde, denn jedes Zeichen ist einzigartig.

Um die 50 000 unterschiedliche Zeichen soll es im Chinesischen geben – eine Zahl, die vor allem jene gerne zitieren, die schon einige davon gelernt haben und sich nun im bewundernden Staunen ob dieser Fülle sonnen. Selbstverständlich sind nur einige Tausend davon wirklich in Gebrauch. Obwohl jedes Zeichen einst ein eigenes Wort darstellte, sind die meisten Wörter heute mehrsilbig. Logisch, denn wie sonst ließen sich moderne Ausdrücke wie Telefon oder Computer in einer rund dreieinhalbtausend Jahre alten Schrift darstellen? Es reicht also längst nicht, die vielen einzelnen Zeichen zu lernen, man braucht auch noch die zahlreichen Zeichenkombinationen, um sich einen anständigen Wortschatz zu erarbeiten.

Doch, mal ehrlich, von welchem Teufel muss man besessen sein, um sich eine Schrift auszudenken, die jahrelanges Studium erfordert, um überhaupt nur die einfachsten Texte lesen zu können? Eine Schrift, die selbst gebildete Menschen wieder in Teil-Analphabeten verwandelt, wenn sie nicht oft genug zum Stift greifen? Rät man einem Chinesen mittleren Alters heute, sich doch schnell eine Adresse handschriftlich zu notieren, tastet er automatisch nach Handy oder iPad. Denn Schreiben ist eine Disziplin, die manch einer gar nicht mehr so flüssig beherrscht. Mit dem Bildungsgrad hat das wenig zu tun, eher schon mit einem gewissen Wohlstand. Denn wer Geld hat, nutzt die Technik und kommt am Ende gar nicht mehr in die Situation, überhaupt noch per Hand schreiben zu müssen. Und vergisst.

In Anbetracht all dieser Ausführungen fragt sich der westliche, von den Vorzügen eines einfachen Alphabets verwöhnte Mensch: Warum tun sich die Chinesen diese komplizierte Schrift an? Wie konnte sich ein so komplexes System über Jahrtausende erhalten?

Nach langen Jahren des China-Kontakts bin ich sicher: Die Chinesen haben diese Schrift nur erfunden, um uns Ausländer richtig dumm aussehen zu lassen. Das Praktische daran ist: Schon beim ersten Blick aus dem Hotelfenster erinnern uns die Schriftzeichen daran, dass wir nichts können. Gar nichts. Nicht einmal lesen und schreiben, ja nicht einmal im Wörterbuch nachschlagen! Wir dummen Barbaren werden auf Schritt und Tritt daran erinnert, dass uns die grundlegendsten Fähigkeiten fehlen, um am öffentlichen Leben teilzunehmen, uns eine Meinung zu bilden oder diese gar zu vertreten. Zwischen den Zeilen lesen kann man übrigens auch. Dort steht: Wir haben es gar nicht nötig, die Schrift zu ändern. WIR Chinesen können sie nämlich schon.

Die Folgen sind schwerwiegend. Bus, Bahn, Auto fahren, eine Adresse suchen: Alles ist eine Qual, wenn man die Schrift nicht beherrscht. Zugegeben: In Peking und Shanghai ist die U-Bahn mittlerweile auch auf Englisch beschriftet. Derart in Sicherheit gewiegt könnte man als Ausländer natürlich auch auf den Gedanken kommen, einfach mal den Bus zu nehmen. Aber oha! Hier zeigt sich China von einer ganz anderen Seite: Englisch? Pustekuchen. Und die diversen Straßennamen erschließen sich nicht einmal dem Chinesisch Lernenden ohne heftiges Blättern im Wörterbuch. Gäbe es nicht hier und da hilfreiche Passanten, die gemeinsam rätseln, a) wo der Ausländer wohl hinwill und b) wie er da hinkommt, ohne sich im Netz der Buslinien zu verheddern – manch einer begäbe sich auf eine Reise ohne Wiederkehr. Selbst auf der Insel Taiwan, die als Vorbild in Sachen Wohlstand und Technik in Asien gelten darf, bleibt das öffentliche Transportwesen dem Reisenden verschlossen, wenn er nicht eine ordentliche Portion Abenteuergeist mitbringt und die Bereitschaft, orientierungslos durch die Straßen zu irren oder wahllos öde Vororte zu entdecken.

Hin und wieder kommen chinesische Querdenker auf die irre Idee, die Zeichenschrift abzuschaffen und sich, wie im benachbarten Vietnam, einfach mit der Umschrift zu begnügen. Gut, man muss zugeben: Ob dies wirklich möglich ist, streiten sich die Wissenschaftler, denn aufgrund der vielen gleich lautenden Wörter (die also gleich ausgesprochen, aber unterschiedlich geschrieben werden) sind Texte in Alphabet-Umschrift nur schwer zu verstehen. Außerdem: Was schert es den konservativen Intellektuellen, wenn Ausländer und ungebildete Bauern sich schwertun, Lesen und Schreiben zu lernen? Ist die Schrift nicht der vollendete Ausdruck der chinesischen (überlegenen) Kultur? Ja kann man so eine feine Sprache überhaupt mit einem profanen Alphabet schreiben?

Im Vergleich zur Schrift scheint die mündliche Sprache auf den ersten Blick weitaus leichter zu meistern. Grammatik gibt es kaum, Zeiten auch nicht, das lässt Ausländer erst einmal aufatmen. Allerdings ist die Sprache so voller Homonyme, dass in der Tat alles gleich klingt. Wenn das Chinesische im Ausland als »Tsching-Tschang-Tschong« veräppelt wird, liegt die Wahrheit gar nicht so weit entfernt. Richtig garstig jedoch wird das mündliche Chinesisch, wenn es um die Tonhöhen geht: Es macht nämlich einen Unterschied, ob man eine Silbe gleich bleibend hoch ausspricht, sie nach oben zieht, sie fallen lässt oder mit einem fragenden Tonverlauf versieht. Muss ich noch dazusagen, dass hier eine unerschöpfliche Fülle von Fettnäpfchen lauert? Dass es ganz schlecht ist, wenn man »Mutter« und »Pferd« verwechselt (beides wird *ma* gesprochen, jedoch in unterschiedlichen Tonhöhen) oder »schade« und »erfreulich« (auf Chinesisch *kexi,* ebenfalls nur an der Tonhöhe zu unterscheiden) durcheinanderwirft? Bestellt der Ausländer im Restaurant *tāng,* bekommt er eine Suppe, während er mit *táng* seinen Kaffee süßen kann – in den frühen 1990ern, bevor die ersten richtigen Cafés öffneten, war die Suppe zum Kaffee ein echter Klassiker unter den ausländischen Fehlbestellungen.

Dennoch lassen sich viele Ausländer nicht abschrecken. Es ist ja in der Tat sinnvoll, sich die Landessprache anzueignen, wenn man länger in China weilt. Nicht zuletzt, weil man erheblich mehr erreicht, wenn man sein Anliegen in geradebrechtem Chinesisch vortragen kann. In diesem Stadium finden Chinesen unsere tapsigen Versuche der Verständigung nämlich herzallerliebst – wie ein Kind, das die ersten Schritte schafft und immer wieder auf dem Hintern landet. Wie schön, dass die Langnase sich die Mühe macht, Chinesisch zu lernen! Und wie beruhigend, dass es ihr natürlich nicht wirklich gelingt – das ist der gelebte Beweis der Überlegenheit der chinesischen Kultur!

Spricht dann doch mal einer wirklich flüssig, verweigern sich viele Chinesen dieser Tatsache. Weil das ja prinzipiell und überhaupt gar nicht möglich ist. Ein Klassiker auf dem Markt geht so: Ich trete an einen Stand und frage auf Chinesisch nach dem Preis für die Tomaten. Die Verkäuferin starrt mich erst einige Sekunden regungslos an und dreht sich dann strahlend zu ihrer Kollegin: »Du, ich glaub, ich kann Englisch, ich hab verstanden, was sie sagt.«

Die weniger selbstbewusste Variante ist nicht minder nervig: Auf meine (chinesische) Frage nach dem Preis ernte ich ein, ebenfalls auf Chinesisch formuliertes »Ich kann kein Englisch«. In diesem Fall ist es völlig sinnlos, weiterzuplaudern. Auch die komplexesten Satzkonstruktionen, die perfekteste Aussprache helfen in so einem Härtefall nicht weiter. Dann bleibt als letzter Ausweg nur noch der Umweg über Stift und Papier. Ich schreibe mein Anliegen auf Chinesisch auf und schon hallt der Freudenruf über den ganzen Markt: »Die Ausländerin kann sprechen! Und schreiben!« Wow.

喂！Wekomto China beutilul cntry

BITTE VERGESSEN SIE NICHT IHR DING

**Mangelnde Englischkenntnisse sind kein Grund,
auf eine englische Übersetzung zu verzichten**

Bitte keine Chinesen klauen

So konservativ die Chinesen sich bei ihrer eigenen Sprache geben und auf der Zeichenschrift beharren, so kreativ und regelfremd sind sie bei Fremdsprachen. Dabei ist es nicht so, dass es nicht Hunderttausende von Chinesen gäbe, die ganz hervorragend Englisch oder Deutsch sprechen. Doch irgendwie scheinen sie nicht zum Zuge zu kommen. Vielleicht wandern sie auch aus.

Da verzieren die hochkarätigen Delegierten einer Roadshow (inklusive Vize-Tourismusminister!) durch Deutschland ihren Reisebus mit der Aufschrift »Willkommen nach China« und fahren damit konsequent vier Wochen durchs Land. Höhepunkt dieser Kampagne war ein Besuch des Tourismusministers der Provinz Anhui in Frankfurt. Seine Rede vor versammelten Touristikern ließ der Minister von einer jungen Chinesin übersetzen, die – kein Witz! – des Deutschen gar nicht mächtig war, sondern nur eine Viertelstunde ein phonetisches Deutsch-Imitat nuschelte. Passend dazu lautete der Slogan des Banners quer über die Wand des Vortragssaals »Willkommen nach chinesische Entwicklungsprovinz Anhui«. Sicher ist: Diese Botschaft kam an.

Da wundert es nicht, dass manch ein Sinologe zu Hause einen echten linguistischen Schatz hütet – die Sammlung dümmlicher Übersetzungen, die ihm im Laufe eines von China geprägten Lebens so in den Schoß fallen. Hier einige Auszüge aus einer Reihe von Broschüren, die die Stadt Peking im Vorfeld der Olympiade auflegte. Die Broschüren stehen unter dem Motto »Herzlich willkommen in Peking« (übrigens der einzige korrekte Satz der Reihe!) und tragen Titel wie »Farbenprächtig ganze Jahr, als Blumen Freuen Reise«, »Lokale Bedingungen als Festreise« und »Privatreise, eine Tour zu Leckerbiss«. Da bekommt man richtig Lust auf eine China-Reise, oder? Ist es am Ende gar kein Zufall, dass ausgerechnet 2008 die Einreisezahlen kräftig sanken? Macht der folgende Satz nicht richtig Appetit auf ein chinesisches Menü? *Die von dem Hong Kong Kuecher zubereitete Speise ist eine langfristige Auswahl der Konsumenten von dem gesunde Kochrezept. Das bekannte Gericht »Sesamgarnelenmit Caesar Salad«: Die Gelbe Garnelen sind mit der besonder zubereitete Eigottertunke verdeckt, die lecker und knackig geschmeckt sind.* Wohl bekomm's.

Mein persönlicher Favorit ist jedoch die Visitenkarte eines Schuldirektors, dessen zahlreiche Titel sich folgendermaßen lesen (als Garantie für die Authentizität will ich nur anfügen: So etwas <u>kann</u> man sich gar nicht ausdenken!):
Headmaste of Xu an Arf School
Board memder kf China'sn Seckndary Art Talemt Research group
Member kf China's Lierary g Art Telent Research hroup
Board member of Shaanxi Technicai Seckndary School Educiation
Seniior Lecturer

Leider war kurz vor der Olympiade Schluss mit derart betörenden wörtlichen Übersetzungen, die im Ausland als Chinglish berühmt-berüchtigt waren. Offizielle Stellen wie die Fremdenverkehrsämter und Stadtregierungen waren gehalten, mehr auf die Qualität ihrer englischen Broschüren und

Schilder zu achten, und auch die Taxifahrer mussten ihre Schilder »Bitte vergessen Sie nicht Ihr Ding« wieder abschrauben. Zu groß sei der Imageverlust, befürchtete man in der Staatsführung, wenn diese sprachlichen Blüten an die internationale Öffentlichkeit gelangten. Was sie natürlich trotz oder gerade wegen der Kampagne erst recht taten.

Gut, dass sich die Chinesen auf dem Lande so wenig um die Vorgaben aus Peking scheren und nach wie vor T-Shirts mit »Barf University« oder »Wellcomtothworlandlikethistshirt« bedrucken. Auch die Tausenden von kleinen Fälscherwerkstätten kümmern sich kein bisschen um den linguistischen Wahrheitsgehalt ihrer fast echten Hugo-Soss- und Shanel-Waren.

Für Nachschub an spannenden Orthografie- und Grammatik-Interpretationen sorgt übrigens auch das Internet: Kein Englisch-Wächter könnte all die chinesischen Seiten jemals kontrollieren. Schon aus diesem Grund finden sich hier Juwelen wie das vollmundige Versprechen einer Girl-Escort-Seite »the Special and excellent outcall massage will remove everything you want«. Also quasi nicht »Ich mach's dir«, sondern »Ich mach's dir ab«. Genauso interessant sind übrigens die Antworten im weiteren Verlauf der Seite: »How much for one hour?« Autsch!

Manchmal klappt es sogar im modernen Shanghai, bei allen Bemühungen, noch immer nicht so recht mit der Übertragung ins Englische. Da schafft es China, seine Bahnstrecken in atemberaubenden Tempo zu modernisieren und zwischen Shanghai und Hangzhou einen der schnellsten Züge der Welt einzurichten, und scheitert sympathisch an den ganz kleinen Dingen: Kurz bevor der Hochgeschwindigkeitszug in den vor Chrom und Stahl nur so funkelnden Bahnhof von Shanghai rauscht, gibt es noch schnell eine Ermahnung vom Band: »Please don't forget your luggage and don't take other passenger's«, ein Satz, der daran krankt, dass man den Apostroph nicht hören kann, und der den Eindruck erweckt, ausländische Touristen würden sich beim Aussteigen gerne mal einen chinesischen Fahrgast unter den Arm klemmen. Kein schlechtes Souvenir für einen Ausflug!

Dass auch langjährige Exposition der Fremdsprache nicht vor lustigen Übersetzungen und Transkriptionen schützt, zeigt sich in Hongkong. Mein liebstes Beispiel ist das handgemalte Schild »Fuck Lee Vegetable« inmitten einer vorrangig von Briten bewohnten Siedlung auf Hongkong Island.

Die deutsche Entsprechung dieser Hardcore-Rechtschreibschwächen kann man übrigens jeden Sommer im Schwimmbad bewundern. Im deutschen wohlgemerkt. Was sich manch einer hierzulande als chinesisches Zeichen tätowieren lässt, ist nicht minder humoresk.

老外！

SIND AUSLÄNDER MENSCHEN?

Barbaren tragen Lolex

Welche Völkerfreundschaft?

»Cheap. CHEAP. CHEAP!« Wenn eines die mobilen Plagiate-Händler am Yu-Garten von Shanghai auszeichnet, dann ist es ihre Zähigkeit. Es kann einfach nicht sein, dass sich diese Ausländerin nicht für das unglaubliche Angebot interessiert. Vielleicht liegt es daran, dass sie schlicht akustisch nicht verstanden hat, welche Schätze sein zerfledderter Katalog birgt?

REALLY CHEAP!

Während ich immer schneller durch die Menschenmenge pflüge, tänzelt der fliegende Händler behände nebenher und schafft es sogar noch, mir eine Visitenkarte in die Hand zu drücken: Herr Li, Händler, keine Telefonnummer aber dafür einen dicken, selbst gebastelten Katalog voller Lolex-, Katie-, und Veesace-Uhren. Die Warenfotos in Plastikhülle knistern, während er mir erwartungsvoll tief in die Augen schaut. Wie kann man solch einer Fülle von billigen Luxuswaren nur widerstehen? Ganz nebenbei beweist Herr Li, dass auch Männer multitaskingfähig sind. Während er mir als potenzieller Kundin – chinesische Straßenhändler strotzen nur so vor Hoffnung! – noch abwechselnd die sinisierten Markennamen ins Ohr brüllt und grundehrliche Blicke zuwirft, hat er längst das nächste Opfer ausgemacht. Eine Amerikanerin verlangsamt den Schritt. Großer Fehler! Doch ein Konkurrent ist schneller.

Ich habe bereits eine fast echte *Lolex* am Handgelenk und frage den Händler, ob er sie vielleicht kaufen möchte. Das wirft ihn für einen kurzen Moment aus der Bahn. Wie viel?, raunzt er mir nach einigen Sekunden zu.

Wenn Reisende nach China fahren, kehren sie mit höchst unterschiedlichen Eindrücken zurück. Eines ist jedoch sicher: Eine Erinnerung an Herrn Li ist immer dabei – oder einen seiner gefühlten Millionen von Kollegen.

Als Kunden sind Ausländer nämlich überaus beliebt, weil sie keine blasse Ahnung haben, was normalerweise wie viel kostet, ergo mit Freuden den dreifachen Preis hinblättern und zu Hause auch noch davon schwärmen, wie billig China ist. Außerdem sind sie mit einer großzügigen Reisekasse ausgestattet, die die eine oder andere nachgemachte Prada-Tasche verträgt. Wohlhabende Chinesen sieht man übrigens selten mit gefälschten Waren. Sie können sich längst die Originale leisten und würden sich nicht einmal tot mit einer offensichtlich gefälschten Rolex am Arm blicken lassen.

Vom Käuferaspekt einmal abgesehen betrachtet man Ausländer in China eher mit Skepsis. Was kann man schon erwarten von Menschen, die die grundlegenden Höflichkeitsregeln des konfuzianischen Weltbilds nicht kennen, aussehen, als habe man sie unter der Gabe von Steroiden im Keller großgezogen und meist nicht einmal anständig Chinesisch sprechen?

Der Anblick eines Ausländers war in den meisten Teilen Chinas bin ins neue Jahrtausend eine wahre Sensation, die mit dem überraschten Ausruf *Laowai!* 老外 quittiert wurde. Was eigentlich ein netter Ausdruck ist: *Laŏ* bedeutet »alt« im ehrfurchtsvollen Sinne, während *wài* einfach nur »außen« beziehungsweise »außerhalb« bedeutet. Noch in den 1990ern begleitete den spazierenden Ausländer selbst in Großstädten wie Xi'an oder Nanjing eine akustische Welle von *Laowai*-Ausrufen, die auch all jene aus den Gedanken riss, die beinahe die Ankunft des seltsamen Wesens verpasst hätten. Oder wollte man am Ende hilfreich dem Ausländer beiseitestehen, nur für den Fall, dass ihm der Umstand des »Fremdseins« selbst noch nicht aufgefallen war? Ähnlich dürften sich nach dem Zweiten Weltkrieg die ersten schwarzen GI-Soldaten bei ihrer Ankunft in Deutschland gefühlt haben.

Ausländer *(Lăowài)* kommen, wie der Name schon sagt, von außen. Das tun sie sprachlich auch in anderen Kulturen – so auch im Deutschen. In China ist der Unterschied zwischen innen und außen freilich ganz besonders groß:

Im »Inneren« *nèi* befinden sich die Mitglieder der Familie und all jene Menschen, die mit ihr in einem komplizierten Netz an Hierarchien und Verpflichtungen verbunden sind, also Freunde, Kollegen, Vorgesetzte und Nachbarn. Dabei scheint es fast, als nähmen Chinesen nur jene Menschen wahr, die in diesen inneren Bereich fallen.

Wài 外, also außen, befinden sich all jene, die eigentlich nicht weiter interessieren. Das sind Menschen, die man nur am Rande wahrnimmt, um deren Wohlergehen man sich keine Gedanken machen muss, mit denen einen keine Verpflichtungen verbinden, und die man manchmal sogar bei einem Unfall einfach liegen lässt – schlicht, weil sie nicht wahrgenommen werden!

Besonders krass wurde mir diese unsichtbare Linie vor Kurzem in Kaiping vorgeführt, einer südchinesischen Kleinstadt (zumindest nach chinesischen Maßstäben) drei Autostunden östlich von Kanton, die sich am besten mit der Vorsilbe »Retro« beschreiben lässt. Denn Kaiping ist eine echte Zeitreise in das China der frühen 1990er, mit allen guten und schlechten Seiten. Da sich das Fernsehprogramm in drei chinesischen Sendern erschöpfte, ließ ich mich von der Menschenmenge abends in die Innenstadt treiben. Dicht an dicht schoben sich die Menschen über die wichtigste Einkaufsstraße nördlich und südlich eines Seitenarms des Yamen-Flusses: Samstagabend-Shopping mit der ganzen Familie. Dann mitten auf der Brücke, die die beiden Straßen verbindet, ein völlig nackter Mann. Mit einem muffigen Gesicht lief er durch die Menge, die sich wundersam vor ihm teilte und hinter ihm wieder schloss. Das Erschreckende jedoch war nicht der offensichtlich gestörte Mann selbst, sondern dass ihn niemand zu sehen schien. Niemand außer mir, von all den Tausenden Menschen, die sich über die Brücke schoben und drängten, warf ihm auch nur einen zweiten Blick zu. Wie von einer unsichtbaren Kraft geschützt, blieb rund ein Meter um den Mann herum frei. Spontan erinnerte mich dies an das Experiment der Psychologen Simons und Chabris, die in einem Basketballvideo einen Gorilla durch das Bild laufen ließen, was die meisten Zuschauer gar nicht bemerkten, so sehr waren sie auf den Ball fixiert.

Die Szene mit dem Nackten von Kaiping zeigt ziemlich deutlich die Grenze zwischen Innen und Außen, über die auch Ausländer immer wieder stolpern: Außen ist und bleibt außen. Wer außen ist, könnte sich auch genauso gut die Unterhose über den Kopf ziehen und auf einem Bein nackt über die Straße hüpfen, er ist nicht Teil des Bildes und ist daher bedeutungslos.

Ausländer sind quasi der fleischgewordene Begriff des *wài* – sogar noch ein bisschen mehr als der Nackte von Kaiping. Auch wenn Ausländer auf Anhieb schon erst mal Aufmerksamkeit bekommen, werden sie oft nur als Attraktion und nicht wirklich als Menschen wahrgenommen. Ein Laowai ist ein Laowai, da ist es fast egal, woher er kommt. Genauso wie es Deutschen erst einmal schwerfällt, Asiaten voneinander zu unterscheiden, stellen Chinesen beim Erstkontakt mit Ausländern fest: Die sehen ja alle gleich aus!

Einzig die schwarzen Afrikaner bekommen eine eigene Kategorie. Und die ist nicht die beste. Bei allen politischen

Kontakten und der viel gefeierten Völkerfreundschaft zwischen Afrika und China, bei allen Austauschprogrammen (Tausende Afrikaner studieren in Chinas Großstädten), im Alltag haben es die Afrikaner nicht gerade leicht in China. Die schwarze Hautfarbe gilt noch immer als Zeichen für eine unterlegene Kultur. Da Chinesen leider diese Meinung auch noch gerne laut kundtun – die Anwesenheit eines Afrikaners ist dabei kein Hinderungsgrund – gibt es immer wieder Zusammenstöße zwischen Chinesen und afrikanischen Studenten. Die wohl aufsehenerregendsten Kämpfe fanden im Dezember 1988 und Januar 1989 in der Universitätsstadt Nanjing statt, als mehr als 5000 Chinesen versuchten, die Wohnheime der »schwarzen Teufel« zu stürmen. Grund der Unruhen war das zunehmende Ressentiment konservativer Kräfte, die sich an afrikanisch-chinesischen Liebespaaren störten.

Ganz so ablehnend ist die chinesische Haltung gegenüber weißen Ausländern übrigens nicht, allerdings erwartet auch hier niemand allen Ernstes, dass sich die ausländischen Barbaren kultiviert verhalten. Woher auch! Verstöße gegen die chinesische Etikette werden mit nachsichtiger Milde korrigiert – die Langnasen wissen es ja nicht besser! Der Satz »Er/ sie ist ja Laowai« erklärt alles: Warum sich der Mensch nicht zu benehmen weiß, seltsam aussieht, ungewöhnliche Wünsche hat und mit Sicherheit reich ist.

Auch sonst brauchen Laowais wie verirrte Kinder hin und wieder einen Schubs in die richtige Richtung. Da kann es schwierig sein, als Europäer auf dem Bahnhofsvorplatz von Guilin in den Bus nach Fuli zu steigen, wenn alle Ausländer sonst immer in das Nachbardorf Yangshuo wollen. Mit einem freundlichen Klaps schiebt der Fuli-Fahrer das verirrte Schäfchen in den vermeintlich richtigen Bus. Wenn es sein muss auch mehrfach, ohne sich von den (unverständlichen) Protesten des Touristen beirren zu lassen.

Manchmal muss man Ausländern, die ja per se ein wenig begriffsstutzig sind, auch die einfachsten Dinge erklären. So weist der *South China Botanical Garden* auf Englisch darauf hin, dass auf dem Gartengelände »alle kriminellen und illegalen Taten verboten sind«. So was Dummes! Ein botanischer Garten lädt ja zu verbotenen Handlungen geradezu ein…

吉利数字

AUSGEZÄHLT:
ZAHLENKUNDE FÜR ANFÄNGER

**Achtung, die Lektüre dieses Kapitels kann Gesundheits-
schäden nach sich ziehen und sogar zum Tode führen!**

**Lesen Sie nicht weiter, denn dieses Kapitel hat die
Unglück verheißende Nummer vier!**

Sollte Ihnen in Peking, Shanghai oder sonst wo ein Auto mit
dem Nummernschild 4444 begegnen, dann können Sie sicher
sein: Hinter diesen getönten Scheiben verbirgt sich kein Chinese. Höchstwahrscheinlich handelt es sich um einen ausländischen China-Neuling, der sich freut, dieses Nummernschild
besonders günstig ersteigert zu haben – und sich wundert,
warum die chinesischen Kollegen, auch bei Sturm und Regen,
nie mitfahren wollen.

Stellen Sie sich doch mal Samstagvormittag kurz vor Unter-
richtsbeginn vor ein Parkhaus in der Nähe einer chinesischen
Schule (dazu müssen Sie nicht bis nach China fahren, fast jede
deutsche Großstadt hat eine solche Samstagsschule). Keine
einzige Vier werden Sie auf den Nummernschildern der vor-
beifahrenden Limousinen und Jeeps finden. Und falls doch,
dann ist der Besitzer Auslandschinese in der sechsten Generation. Stattdessen gleitet ein 8888-Nummernschild nach dem
anderen durch die Schranke. Und das ist kein Zufall.

Der Grund ist sprachlicher Natur: Hochchinesisch ist eine extrem lautarme Sprache. Sollte sich Ihnen hier und da der Eindruck aufdrängen, dass im Chinesischen alles irgendwie gleich klingt, dann liegt das nicht nur an den ungeübten Ausländerohren: In der Tat kommt diese Sprache mit rund 300 verschiedenen Silben aus. Zum Vergleich: Im Deutschen sind es immerhin rund 10 000 lautlich verschiedene Silben. Zudem sind im Chinesischen die meisten Wörter ein- oder zweisilbig, während wir Deutschen uns zu Wortschlangen wie »Garagentorschlüsselanhänger« oder »Reinigungsanlagenhersteller« hinreißen lassen. Kein Wunder, dass viele Wörter im Chinesischen gleich klingen: Und genau hier liegt das Problem: Die Zahl vier 四 wird *sì* ausgesprochen. Dummerweise also fast genau wie das Wort *sì* 死 »sterben«. Einzig die Tonhöhe ist ein wenig anders. Und wer wollte schon mit einem »Stirb!« auf dem Nummernschild durch die Gegend kurven – quasi so, als habe man den Dämonen vorauseilend die Auswahl leichter gemacht und bei der Frage nach dem nächsten Unfall schon einmal eifrig den Finger gehoben.

Egal, ob es sich um die Hausnummer, Telefonnummer, das Nummernschild oder die Startnummer bei einem Sportevent handelt: Die Vier ist völlig indiskutabel und wird daher meist stillschweigend gestrichen. Auch Hotels haben in der Regel keinen vierten oder 14. Stock. 50-stöckige Hochhäuser in Hongkong oder Shanghai sind mitunter weitaus kleiner, als man glauben sollte – logisch, ihnen fehlen ja die 40. bis 49. Etage und manchmal sogar alle anderen Stockwerke mit einer Vier in der Nummer. Und natürlich die 13 (ein Zugeständnis an die abergläubischen West-Besucher). Unter dem Strich bleiben bei einem 50-Stock-Hochhaus noch magere 35 Etagen übrig ...

In der Rubrik *Travellers Tales* der Far Eastern Economic Review, einer Hongkonger Wirtschaftspublikation der 1990er, berichteten chinesische Leser von lustigen Geschichten, die sie im Ausland erlebt hatten. Ein Geschäftsmann sandte das

Foto eines österreichischen Taxiunternehmens ein, das auf den Seitentüren seiner Fahrzeuge mit der Telefonnummer 444 444 warb. Eine derartige Nummer ist in China so aufregend undenkbar, dass es sich lohnt, ein Foto davon zu machen.

Übrigens, westliche Hypochonder, aufgepasst! Sogar einen passenden Angstzustand gibt es für diese Angst vor der Vier: die Tetraphobie. Damit fällt man auch in einem vollen Wartezimmer garantiert auf.

Die Sache mit der Homophonie funktioniert natürlich nicht nur mit der Vier: Die Zahl acht *bā* 八 wiederum ist quasi ein Glücksgarant, denn acht klingt so ähnlich wie das Wort *fā* 发, was wiederum für *fā cai* 发财 steht, also »reich werden«. Achter kann man im Leben eigentlich nicht genug haben. Aus diesem Grunde werden Achter-Telefonnummern in den meisten Städten auch zu schwindelerregenden Preisen versteigert. Das bekannteste Beispiel ist die einprägsame Servicenummer der Fluggesellschaft Sichuan Airlines »88 888 888«, die sich die Firma im Jahre 2003 immerhin 2,33 Millionen Yuan (was heute zirka 280 000 Euro entspricht) kosten ließ. Wie viel Geld wirklich jeden Tag für den Nummernzauber in China über den Tisch geht, lässt sich kaum erfassen – nicht jeder Millionär hängt es an die große Glocke, wenn er sich für einige hunderttausend Yuan ein Kennzeichen oder eine Telefonnummer reservieren lässt.

Theoretisch lehnt die Kommunistische Partei solchen abergläubischen Zinnober übrigens ab. Dennoch, sogar in der Parteipropaganda schlägt sich der Zahlenglaube sprachlich nieder. Schlechte Dinge treten auch hier gerne zu viert auf – man denke dabei an die vier Schädlingsplagen, die regelmäßig unter großem chemischem Einsatz bekämpft werden, den Kampf der Roten Garden gegen die »vier alten Übel« der alten Ideen, alten Kultur, alten Bräuche und alten Gewohnheiten oder an die Viererbande ... Gute Dinge wiederum tauchen gerne zu acht auf: Die acht großen Küchen Chinas, die angestrebten acht Prozent Wirtschaftswachstum. Auch die olympischen Spiele wurden am 8. 8. 2008 um 8.08 Uhr eröffnet.

Fast genauso teuer und begehrt ist die Neun *jiǔ* 九: Sie wird wie das hochchinesische Wort *jiǔ* 久 »lang andauernd« ausgesprochen. Hochzeitstermine wie der neunte September sind daher besonders beliebt, verheißen sie doch eine lang anhaltende Ehe.

Viele weitere Zahlen haben ebenfalls eine Bedeutung, die sich aus der Homophonie mit anderen Begriffen ergibt. Längere Telefonnummern und andere Zahlenkombinationen bekommen damit eine ganz eigene Brisanz!

Damit Sie später nicht durcheinanderkommen, hier eine kleine Übersicht:

0 令 (Aussprache *líng*)
klingt ähnlich wie *nǐ* 你 »du«, da vor allem im Osten Chinas viele Menschen »N« und »L« nicht gut unterscheiden können und auch das »ng« zu einem »n« verkürzt wird.

1 一 (Aussprache *yī* oder *yāo*)
ist gleichlautend mit *yi* »leicht« 易 und *yào* 要 wollen.

2 二 (Aussprache *èr*)
steht hin und wieder (vor allem im Norden, wo man gerne ein »R« an jede Silbe hängt) für *ai* 爱 »lieben«.

4 四 (Aussprache *sì*)
steht für *sǐ* 死 »sterben«.

5 五 (Aussprache *wǔ*)
ist eine neutrale Zahl und steht oft für *wǒ* 我 »ich« (zum Beispiel bei SMS oder anderen Kurzmitteilungen) oder für *wú* 无 »nicht«.

6 六 (Aussprache *liù*)
klingt wie *liú* 流 »fließen«.
Vor allem im geschäftlichen Umfeld eine wichtige Zahl –
schließlich sollen die Geldströme immer schön fließen!

7 七 (Aussprache *qī*)
steht für *qǐ* »zusammen« 起, und kann auch »hochkommen«
bedeuten.

8 八 (Aussprache *bā*)
erinnert an *fā (cài)* 发财 »reich werden«.

9 九 (Aussprache *jiǔ*)
steht für *jiǔ* 久 »lang anhaltend«.

Interessant ist: Aus den oben genannten Zahlen lassen sich
ganze Sätze bilden. Eine Tatsache, mit der man im Marketing
großen Reibach machen kann – oder man wischt seiner Frau
mal so richtig eins aus! Wer sich beispielsweise die Telefonnummer oder das Kennzeichen 51574 geben lässt, wünscht
seiner Frau den Tod an den Hals, denn die Nummer liest sich
wie *wǒ yào wǒ qi sǐ*: »Ich will, dass meine Ehefrau stirbt.« Langfristig gesünder für die Beziehung ist die Kombination 5257
wǒ ài wǒ qi: »Ich liebe meine Frau.«
   Auch die folgenden Beispiele findet man oft auf Visiten-
karten:
   518: *wǒ yào bâ* = Ich werde reich.
   5189: *wǒ yào bâ jiǔ* = Ich werde lange reich!
   168: *yī lù fā* = auf dem Weg zum Reichtum
   514 gibt es dafür selten, vor allem auf Nummernschildern,
denn (Sie ahnen es schon) es bedeutet *wǒ yào sǐ* »Ich will sterben«.
   Eine ähnliche Kombination macht sich übrigens McDonald's auf dem chinesischen Markt zunutze: Der Bestellser-
vice der Fast-Food-Kette ist landesweit unter der Nummer

4 008 517 517 zu erreichen. Während sich die Vier und die Acht wohl in ihrer Bedeutung aufheben, liest sich der nächste Block wie ein *wǒ yào chī wǒ yào chī: Ich will essen, ich will essen!*

Manchmal sind Zahlen jedoch einfach nur schnell und praktisch zu verwenden (außer natürlich für Ausländer, die ratlos vor den Abkürzungen stehen): So wirkt die Webseite des Hotels Wuyishan Villa auf den ersten Blick ein wenig seltsam: www.513villa.com. Laut vorgelesen ergibt 513 *wǔ yī sān* freilich den Ortsnamen, bedenkt man, dass Südchinesen »sh« und »s« nicht auseinanderhalten können. Eine wirklich nette Spielerei, die an uns Europäer leider verschenkt ist.

Sollte Ihnen jemand ein knackiges 7456 per SMS oder E-Mail senden, dann gibt es nur eine angemessene Antwort: 748. Jawoll! Übersetzt bedeutet dieser Schlagabtausch übrigens *qī sì wǒ le*, also locker übersetzt: »Du kotzt mich an«, die Antwort hingegen ist ein *qù sǐ ba*: »Geh und stirb!«

Als wäre dies nicht genug, lassen sich die Bedeutungsspielchen auch auf andere Bereiche übertragen – zum Beispiel ins Reich der Tiere und Pflanzen: Wer seinen Freunden Reichtum wünscht, mag ihnen ein Bild mit Fischen schenken, denn »Fisch« *yú* und »Überfluss« *yù* werden identisch ausgesprochen. Auch »Chrysantheme« *jú* und »verweilen« *jū* (also ein Symbol der Ewigkeit) sowie »Fledermaus« *fú* und »Glück« *fú* bilden derartige Paare.

Wichtig ist: Diese Analogien funktionieren leider nicht nur im Positiven. Und so wundern wir uns über das verkrampfte Lächeln der chinesischen Gastgeber angesichts einer geschenkten Uhr oder anderer Mitbringsel aus der Heimat, nicht wissend, dass die Uhr den Tod symbolisiert oder der teure Balsamico-Essig für Eifersucht steht.

Ohnehin sind Mitbringsel eine wunderbare Art, unbemerkt gleich mehrere Peinlichkeiten hintereinander zu begehen.

Kulturführer raten daher oft zu unverfänglichem Obst. Mit Orangen liegt man noch richtig, sie symbolisieren Glück, während sich Äpfel *píng* so lesen wie *píng* der Frieden – auch nicht schlecht. Doch Achtung! Es könnte unter Umständen peinlich werden, als Mann einer losen Bekanntschaft Pfirsiche zu schenken – sie stehen für weibliche Genitalien. Ein Korb Birnen ist auch keine gute Idee, denn dieses Obst bedeutet zwar Wohlstand, liest sich aber auch wie das Wort für Trennung – schon wieder ein Fettnäpfchen, das im geschäftlichen Umfeld genauso schlecht ankommt wie in einer Beziehung. Möglich wäre da noch ein Körbchen Pilze (steht für Langlebigkeit), aber mal ehrlich – das sieht wirklich nicht aus, oder?

Und Blumen sind sowieso eine zweischneidige Sache: Während die Magnolie, Orchidee oder die Narzisse eher unverfänglich sind, wird es beim Hibiskus schon schwierig, denn auch diese Blume steht für die sexuelle Anziehungskraft. Eine weiße Lotusblüte ist als Symbol der Reinheit problemlos, in der roten Variante jedoch anzüglich und mal wieder ein Symbol weiblicher Intimregionen, genauso wie die Päonie. Die »zweite Pflaumenblüte« steht wiederum für den erneuten Beischlaf in derselben Nacht.

Was schlüpfrige Begriffe angeht: Auch die Weide (sexuelles Verlangen), Ente (Stricher) und die Schildkröte (Zuhälter) sind sexuell belegt. Sogar der Regen (Sperma), der Wind und die Wolken (beide stehen für Sex) sind zweideutig. Muss da nicht manch ein Park für den Eingeweihten geradezu wie ein Sexshop aussehen?

大胖子

KULINARISCHE REALITÄTEN

China ist das Land der Hobbyköche

Fett werden die Leute trotzdem

Ganz ehrlich: Wer denkt bei »China« nicht sofort an den Hund am Spieß? An Katzenragout und Pangolin-Steak (das nette Tier, das China im Winter 2002 den SARS-Virus schenkte)? Und ergötzen sich westliche Reisende nicht insgeheim alle an dem kitzelnden Schauder, der ihnen bei der Vorstellung über den Rücken jagt, so einem Schoßtier vielleicht auf dem eigenen Teller zu begegnen?

Alte China-Hasen seufzen bei diesem Klischee innerlich auf und verdrehen die Augen. Ja, sie tun es, die Chinesen. Aber seltener, als man denkt. Außerdem schmecken Hundespießchen gar nicht mal so schlecht, hat man sich erst mental vom Bild des sanftäugigen Labradors verabschiedet und einen kläffenden, schnappenden Dorfköter an seine Stelle gesetzt. Ein bisschen erinnert es an Rind. Und die sind übrigens ja auch ganz süß.

Allerdings muss man zugeben: Gerichte wie »Tiger und Drache« oder Bärentatzen können auch Nordchinesen erschrecken, denn anders als die meisten Ausländer wissen sie a) dass Tiger und Drache für Katze und Schlange stehen und b) ekeln sich genauso davor wie wir.

De facto gibt es die meisten Gerichte mit Ekelfaktor nur im Süden des Landes. Und weil es sich um besonders prestigeträchtige Gerichte handelt, sind sie meist so teuer, dass Ausländer, ahnungslos oder nicht, gar nicht erst in Versuchung kommen. Andere schräge Gerichte wiederum scheint es an jeder Ecke zu geben. Sollten Ihnen beispielsweise die berühmten Kakerlaken und Skorpione am Spieß begegnen, wie sie in Peking oder Shanghai immer wieder auf dem Nachtmarkt angeboten werden, ignorieren Sie sie einfach: Kakerlaken taugen auch im Reich der Mitte bestenfalls zur besoffenen Mutprobe – es ist ziemlich auffällig, dass sie selbst zur besten Dinnerstunde keine Abnehmer finden ... Allerdings locken sie manch einen Ausländer herbei, der sich nach dem obligatorischen Beweisfoto dann doch noch ein unverfängliches Rinderspießchen gönnt.

Viel schlimmer ist es, wenn beim Geschäftsessen (egal, ob in Nord- oder Südchina) der Gastgeber stolz den Deckel der Suppenterrine lüpft und der deutsche Gast direkt in die glasigen Augen einer gekochten Schildkröte blickt. Die emotionale Bindung kann es nicht sein – Schildkröten sind ja nicht gerade bekannt für ihr kuscheliges Verhalten. Wir Deutschen wollen einfach nicht daran erinnert werden, dass unser Essen noch vor Kurzem über die Wiese sprang oder, wie im Fall der Schildkröte, durch den Schlamm robbte. Unser Fleisch entsteht auf wundersame Weise in der Kühltheke des Supermarktes und hat mit Tieren rein gar nichts zu tun. Chinesen hingegen wollen es genau wissen. Hühner werden auch in der Stadt oft noch lebend gekauft und erst zu Hause aufs Schafott geschickt. Fische, Schildkröten und was nicht noch alles, sucht der Gourmet lebend aus und lässt sie vor seinen Augen schlachten.

Kein Wunder, dass es kulinarische Schauergeschichten in Hülle und Fülle gibt – und der Gang über den Markt ist sowieso nur den ganz Harten zu empfehlen. Je weiter nach Süden, desto kuscheliger und flauschiger werden sie, die Snacks und

Häppchen. Wer sich den Guangzhouer Qingping-Markt in seiner Gänze gönnt, sieht den bedauernswerten Trend, dass die westlichen Supermärkte immer mehr um sich greifen, mit einem Male mit ganz anderen Augen. Gut so! Die sauberen, bis unter die Decke gestapelten Verpackungen hinterlassen einfach weniger traumatische Eindrücke, als die traurigen Augen einer schlachtreifen Katze.

So fixiert sind wir Westler auf die verwerflichen Fleischsorten, dass uns vieles andere der chinesischen Küche entgeht. Wenn wir ihr überhaupt nahekommen. Denn vor der Bestellung in einem authentischen Restaurant steht die Speisekarte. Dummerweise haben chinesische Köche ein Faible für illustre Namen, egal ob auf Englisch oder Chinesisch. Natürlich gibt es auch nüchtern benannte Gerichte wie »gebratene Nudeln« oder »gemischtes Gemüse«. Diese Gerichte finden sich meist in kleinen Lokalen, deren wahre Herausforderung eher in der Hygiene denn in sprachlichen Fragen besteht. Je teurer und besser, desto eher geben Küchenchefs jedoch ihrer poetischen Ader nach. Die Ergebnisse sind verunsichernd: Gerichte wie »Ameisen krabbeln auf den Baum« kommt uns Westlern nur zögerlich über die Lippen. Ganz ehrlich, wir würden es ihnen zutrauen, oder? Erst die unauffällige Untersuchung der kleinen Fleischstücke bringt die beruhigende Erkenntnis: Keine Beinchen oder Fühler, es ist Hackfleisch. Erleichterung.

Die Überraschung funktioniert allerdings auch anders herum: Auf dem Nachtmarkt zum Beispiel. Was riecht denn hier so ... komisch? Mit gekräuselter Nase schnuppert der westliche Besucher in den lauen Abendwind. Ist es die Kanalisation? Das auch, manchmal. Meist jedoch steht er ungünstig in der Windschneise eines Stinktofu-Verkäufers. Der gefürchtete Chou Doufu, fermentierter Tofu, findet sein westliches Pendant vielleicht noch in einem vergessenen Handkäse, der dem ahnungslosen Urlaubsheimkehrer nach vier Wochen im Türfach des abgeschalteten Kühlschranks auflauert. Chinesen wissen: Chou Doufu immer nur mit Rückenwind essen und dabei die Nase zuhalten. Der Verkäufer selbst steht als einziger Händler des Marktes schweigend da – der Wind trägt seine Botschaft lauter in die Welt als es jede Stimme könnte.

Muss ich jetzt noch dazusagen, dass die Kreationen der deutschen China-Restaurants keinerlei Ähnlichkeit haben, mit dem, was Sie in China erwartet? Fast scheint es, die chinesischen Köche würden bei der Einreise in Deutschland gezwungen, alle wirklich durchschlagenden Gewürze beim Zoll abzugeben: Sichuan-Pfeffer (ein Name, den Sie sich merken sollten, denn er lässt jede Chili erblassen), Chilischoten, der dunkle Zhenjiang-Essig, vergorene Bohnenpaste, Austernsoße – alles von der Speisekarte getilgt! Selbst eingefleischte China-Restaurant-Fans erleben daher beim ersten China-Besuch ihr kulinarisches blaues Wunder.

Da stellt sich die Frage: Was bitte kann man als westlicher Besucher denn in China essen? Alles natürlich! Fast. Wer sich von hochpreisigen Gerichten fernhält – eine Überlebensregel lautet »Je teurer, desto bäh« – der dürfte mit einigen Kilo mehr auf dem Ranzen nach Hause fliegen. Denn bei allen seltsamen Zutaten: Keine Nation der Welt widmet sich mit mehr Eifer der Ernährung. Versprochen! Essen ist Lebenslust, Trost, Medizin und Lieblingsgesprächsthema. Und Leidenschaft natürlich. Kein Wunder, dass Chinesen oft nicht die Freundesrunde am Tisch fotografieren, sondern die Menüabfolge – und die Bilder später ihren interessierten Kollegen zeigen, die ebenfalls das eine oder andere Leckerli auf dem Handy gespeichert haben.

Wer in China Essen entspannt genießen will, sollte allerdings vorher mit einigen Vorurteilen brechen. Mein liebstes Stereotyp ist: »Chinesisches Essen macht nicht dick und ist immer leicht.« Eine komplette Menüfolge in einem typischen Pekinger Restaurant lässt solche Ammenmärchen platzen wie Seifenblasen – oder eher wie Fettaugen. Die nördliche Küche strotzt vor Knoblauch, Zwiebeln, Schmalz und Öl. Zutaten, die dafür sorgen, dass man auch Tage später noch hier und da mit einem deftigen Bäuerchen an das Menü erinnert wird. Alle anderen drum herum übrigens auch.

Auch die Mär, die chinesische Küche sei immer geschmacklich ausgewogen, hat schon so manch einen Besucher ins Elend getrieben. Wer je unverhofft mit einer unter einer Karottenscheibe versteckten Chili in Kontakt kam, weiß, wie unvergesslich solche Erfahrungen sind. In der Provinz Sichuan lauern so viele Chilischoten auf dem Teller, dass der ahnungslose Ausländer eigentlich nur zu einem folgenschweren Fehlschluss gelangen kann: Scharf sind die doch bestimmt nicht!

Auch die Behauptung, alles sei so passend geschnitten, dass man es nur noch mit den Stäbchen zum Munde führen muss, ist eine schamlose Lüge. Wer solche Fehlinformationen verbreitet, hat noch nie Handschuhkrebse gegessen. Diese Shanghaier Spezialität versteckt ihr weiches Fleisch unter einer harten Schale. Bewaffnet mit Plastikhandschuhen und -schürze, nussknackerartigem Gerät und Stäbchen – schön, dass die Bedienung so viel Vertrauen in die Geschicklichkeit der Ausländer zeigt – geht es dem teuren Krebs an den Kragen. Um es kurz zu machen: Handschuhkrebse eigenen sich nicht für ein Geschäftsessen. Oder ein erstes Date. Oder überhaupt ein Treffen, bei dem man unbekleckert wieder aufstehen möchte. Standhaft weigert sich das weiche Fleisch, an den Stäbchen zu kleben, während zufällig vorbeischlendernde Chinesen bestätigt bekommen, was sie schon immer geahnt hatten: Wir Westler sind doch Barbaren, durch und durch.

Hat man diese interkulturellen Klippen umschifft und schafft es, sich der Stäbchen zu bedienen, ohne dem Nebenmann das Augenlicht zu rauben, steht dem grenzenlosen Genuss nichts mehr im Wege. Selbst Straßenimbisse von der architektonischen Raffinesse eines Herner Bratwurstwagens und mit gravierendem Hygieneproblem stecken jedes europäische

Sternelokal in die Tasche. Kein Wunder, dass sich in nahezu jedem Chinesen ein begeisterter Hobbykoch verbirgt und die Kochkunst als kulturelle Errungenschaft hohes Ansehen genießt.

Freilich geht es beim Kochen nicht nur darum, möglichst leckere Gerichte zu zaubern. Nach den Regeln der traditionellen chinesischen Medizin, ist jedes Nahrungsmittel den beiden gegensätzlichen Polen Yin (weiblich, dunkel, feucht und kalt) oder Yang (männlich, hell, trocken und heiß) zuzuordnen. Kombiniert wird im Kochtopf daher nicht allein nach Geschmack, sondern nach einem komplizierten System, das nicht nur die Gegensätze zwischen Yin und Yang ausbalanciert, sondern auch die Geschmacksrichtungen süß, sauer, salzig, bitter und scharf. Wehe, man hält sich nicht daran! Um nur ein Beispiel zu nennen: Der übermäßige Genuss von scharfen Speisen beispielsweise verdammt jeden Chinesen zu einem Pickelgesicht – so zumindest will es der Volksmund.

Die Gesundheitsmanie geht so weit, dass man sich im *Imperial Herbal Restaurant* in Singapur (der wohl chinesischsten Stadt außerhalb Chinas) vor der Bestellung sogar von einem traditionellen chinesischen Arzt beraten lassen kann. Nach einer kurzen Diagnose (Achtung, geringer Flirtfaktor!, eine klassische Diagnose besteht aus einem Blick auf die Iris, den Puls, die Zunge und ein deutliches Gespräch über den letzten Stuhlgang) wird das Menü dem Gesundheitszustand des Gastes angepasst.

Auch im Alltag finden diese Regeln durchaus Anwendung: So schütteln Chinesen in Anbetracht der westlichen Angewohnheit, bitzelndes Mineralwasser direkt aus dem Kühlschrank zu trinken, den Kopf: Viel zu viel Yin! Kein Wunder, dass die Westler alle so krank aussehen!

Doch die Schere zwischen gefühlter und gelebter Realität klafft in Sachen Ernährung mittlerweile weit auseinander. Geht es um die chinesische Kochkunst, schwärmen Chinesen gerne von den acht großen Küchen und ihren mannigfaltigen

Spezialitäten. Frische und Qualität der Zutaten verstehen sich von selbst. Chinesen möchten keinesfalls die traditionellen Märkte missen, die knackfrisch alles bieten, eingekauft wird jedoch bei Jiālèfú (Carrefour) an der Tiefkühltheke. Was nicht zuletzt daran liegt, dass es hier die praktischen Mikrowellenmenüs gibt, die die traditionelle chinesische Medizin so lange verdammte (kurz gefasst brennt sie die Qi-Energie aus der Nahrung), bis sich jeder Mittelschichtler eine leisten konnte. Chinesen schreiben und reden viel über die kulinarischen Raffinessen ihrer Küche – und gehen am liebsten zu McDonald's.

In der Realität sieht das chinesische Bekenntnis zur traditionellen Küche nämlich so aus: 1987 eröffnete Kentucky Fried Chicken ein erstes Restaurant in Peking, McDonald's folgte 1990 mit einer Filiale in der Sonderwirtschaftszone Shenzhen nahe Hongkong. 1992 folgte Peking mit einer spektakulären dreistöckigen Ausgabe für die Hauptstadt. Heute, also im Frühjahr 2012, gibt es rund 3200 Kentucky Fried Chicken (KFC) und 1400 McDonald's-Filialen, bis Ende 2013 sollen es rund 2000 werden. Yum wiederum, die Betreibergesellschaft von KFC, will die Zahl der Restaurants bis 2020 auf 9000 erhöhen. Und das ist keinesfalls unrealistisch. Gerade jetzt, während Sie dieses Buch lesen, wird in China irgendwo ein neues Fast-Food-Restaurant eröffnet – jeden Tag kommen mindestens zwei neue Filialen der großen internationalen Ketten hinzu – die chinesischen Konkurrenten nicht mitgerechnet. Im Jahr 2010 kauften die Gourmets im Reich der Mitte für stolze sechs Milliarden Euro Burger und anderes Fast-Food. Bisher hat Kentucky Fried Chicken mit einem Marktanteil von 40 Prozent die Nase vorne, doch Ronald McDonald lässt sich nicht abhängen.

Die Auswirkungen des modernen Essverhaltens und vor allem der neuen Freude am Fast Food sind erstaunlich: Galten Chinesen noch vor wenigen Jahren als geradezu dürr, wie neidische westliche Stimmen es gerne formulierten, wird China nun zum Land der Pummelchen. Rund ein Viertel aller Chinesen sind mittlerweile übergewichtig oder fettleibig.

All jene, die sich nicht dem Fast Food widmen, findet man abends durch einen der vielen Supermärkte schlendernd. Noch Ende der 1990er bedeutete Einkaufen selbstverständlich einen Spaziergang zum Markt. Heute hat die französische Supermarktkette Carrefour mehr als 200 Niederlassungen, der amerikanische Wal-Mart landesweit rund 300, der britische Tesco rund 105 Geschäfte. Selbstverständlich ist dies nur der Anfang einer gigantischen China-Strategie.

Damit es mit dem chinesischen Markt klappt, kommen die westlichen Ketten hin und wieder auf recht bizarre Ideen. Seit 2010 bieten drei Hongkonger McDonald's-Restaurants auch Hochzeiten an. 9999 Hongkong-Dollar kostet das Ja-Wort zwischen Fritteuse und Hamburger-Grill inklusive einem Menü für 50 Gäste – quasi ein Ronald-McDonald-Geburtstag für Große. Glück verheißend ist dieses Angebot natürlich auch, denn schließlich steht die Zahl neun für »lang andauernd«, was man jeder Ehe wünschen möchte. Kentucky Fried Chicken wiederum bietet in Urumqi, der Hauptstadt der moslemisch geprägten Provinz Xinjiang, Beschneidungs-Partys für Jungen.

Fragt sich, in welchem Restaurant man dann die Scheidung feiert. Vielleicht an einem Nudelstand? Dort gibt es rund um die Uhr leckere Einzelportionen. Oder wie wäre es mit einem Huili-Qingti-Menü, damit die Chancen für einen Neuanfang wieder steigen? Genau: Hinter diesem Begriff verstecken sich die »Weight Watchers«, die seit 2008 mit einer eigenen Produktreihe auf dem chinesischen Markt vertreten sind.

蟑螂

ALLE KAKERLAKEN FLIEGEN HOCH!

Kakerlaken können fliegen

Rotzen ist gesund

Spätestens nach der ersten Nacht mit einer geöffneten Cola-Dose auf dem Nachttisch stellt der China-Reisende fest: Im Reich der Mitte leben nicht nur rund 1,3 Milliarden Menschen, sondern auch Trillionen von Kakerlaken. *Zhāngláng* heißen sie ganz wohlklingend und harmlos auf Chinesisch.

Die einfachste Möglichkeit, eine Kakerlake von Nahem zu beobachten, ist, wie bereits erwähnt, eine geöffnete Cola-Dose auf dem Nachttisch zu vergessen. Dummerweise bleiben die putzigen Tierchen meist in der Öffnung stecken und wecken auch müde Schläfer mit ihrem wilden Gestrampel. Falls Sie an dieser Stelle versucht sind, das Buch mit einem ungläubigen Kopfschütteln wegzulegen: Halt! Habe ich schon erwähnt, dass eine ordentliche südchinesische Kakerlake ungefähr so lang ist wie eine Zigarettenschachtel? Und dass man sie immer dann findet, wenn man gerade ein wenig Erholung bräuchte, weil sowieso schon der Kulturschock an der Tür rüttelt? Auch das allerschlimmste Detail will ich Ihnen nicht vorenthalten: Kakerlaken können fliegen. Und weil sie zwar richtig zäh aber dumm sind, fliegen sie immer in die dunkelste Ecke. Unangenehmerweise kann das durchaus auch der

Mensch sein, wenn er die Lichtquelle im Rücken hat und sich als Schatten abzeichnet.

Alte China-Hasen erkennt man daher daran, dass sie beim Betreten eines dunklen Zimmers das Licht blitzschnell anschalten und gleichzeitig mit einem scharfen Blick auf den Fußboden tritt- und schlagbereit ins Zimmer stürmen. Die Devise lautet hier: Wenn es sich bewegt, erst zuschlagen, dann schauen, was es war.

Besonders oft trifft man Kakerlaken in billigen Hotels und in abgewohnten Studentenheimen. Aufhorchen sollten Sie, wenn eine günstige Herberge a) ausnehmend chemisch riecht und b) die Beine des Betts jeweils in einer leeren Konservenbüchse stehen.

Ein Tipp: Wenn morgens hinter dem Badezimmerspiegel zwei lange Fühler auftauchen, klopfen Sie energisch an das Glas und treten Sie einen Schritt zurück. Entweder zieht sich das Getier zurück oder flieht über den Abfluss. Beschwerden an der Hotelrezeption sind jedoch in der Regel sinnlos, denn Chinesen kann dieses Getier erstaunlich wenig schrecken. Meist reagieren die Hotelangestellten wie deutsche Kampfhundbesitzer: »Keine Angst, der will nur spielen ...« Die kundenfreundlichere aber nicht zwingend gesündere Alternative ist die ausgiebige Giftspritze, sobald sich der beschwerdeführende Gast ans Frühstücksbüffet begeben hat. Sollte Ihr Zimmer nach der Rückkehr so riechen, als habe man alles Leben mit Stumpf und Stiel ausrotten wollen, dann liegen Sie vermutlich nicht nur richtig, sondern vielleicht demnächst auch, wie die sechsbeinigen Mitbewohner, reglos auf dem Rücken. Wirklich gesund und für die Applikation auf Lunge gedacht sind diese Chemikalien nämlich nicht.

Falls es Ihnen gelingt, eines dieser Ungetüme zu Brei zu schlagen – was gar nicht so leicht ist Anbetracht des Rundumpanzers –, räumen Sie die Spuren des Massakers SOFORT weg. Denn zum Totenschmaus einer jeden Kakerlake kommen hundert Freunde.

Nun mag man sich fragen: Ist es gerecht, den Chinesen die Existenz der Kakerlaken anzulasten? Wo es die doch wirklich überall auf der Welt gibt? (Wobei wir in Europa glücklicherweise mit der Variante in Größe S vorliebnehmen müssen, die Bewohner der Tropen und Subtropen jedoch die XXL-Ausgabe genießen dürfen.) Doch! Es ist gerecht. Denn in China macht man es den Kakerlaken so einfach, dass es den Europäer schaudert: Die offene Kanalisation! Die Mülltüten am Straßenrand! Die offenen Vorräte an der Imbissbude! Die Essenreste in der Wohnheimküche! Ganz China ist eine Art Freizeitpark für schädliches Ungeziefer. Nur dort, wo sich die neue Oberschicht eine Putzfrau leisten kann, blitzt und chromt es, was das Zeug hält. Hier geht es schließlich um den Ruf als Geldprotz.

Wenn es den Kakerlaken hin und wieder doch an den Kragen geht, dann bitte gleich in apokalyptischem Ausmaß: Dann muss eine staatliche Kampagne her, die, begleitet vom schweren Wortgeschütz der Propagandaplakate und in Massenaktionen ALLEM den Garaus macht. Falls dabei noch ein wenig nützliches Viehzeug draufgeht, gilt das als zu tolerierender Kollateralschaden.

Allerdings muss man dazusagen: Historisch gesehen standen die Kakerlaken nicht in der ersten Reihe des zu bekämpfenden Getiers. 1958 ging es in der »Bewegung zur Ausrottung der vier Schädlinge« den Ratten, Moskitos, Fliegen und Spatzen an den Kragen. Von den heute so fetten Kakerlaken, denen man fast ein paar Kunststückchen beibringen möchte – die Statur dazu hätten sie – war damals noch nicht die Rede. Vielleicht gab es in den Zeiten des Mangels einfach noch nicht so viel Müll? Sind auch sie am Ende Profiteure der Öffnungspolitik und des Wirtschaftswachstums? Eine Zeit lang schienen auch die Bettwanzen ein dringlicheres Problem, sie schubsten in den 1970ern den ohnehin zu Unrecht als schädlich verdächtigten Spatzen von der Liste.

2002 folgte jedenfalls eine weitere Kampagne, die nun endlich auch die grauen Eminenzen der Schädlingswelt gebührend anerkannte: Die »Kampagne zur Eliminierung der vier Plagen mit Kakerlaken als Hauptziel«. In einem Kommentar der *Peking Rundschau* – einem Organ, dem man getrost bedingungslose Regierungstreue unterstellen darf – fordert einer der Redakteure daher zum »Volkskrieg« auf, der »mit allen chemischen Mitteln« geführt werden müsse – und kommt zu dem Schluss, dass es sich dabei schließlich um eine Maßnahme des Umweltschutzes handelt. Aus westlicher Sicht eine interessante Haltung.

Die Frage, ob sich die Zahl der Kakerlaken nicht mit einer Sauberkeitskampagne besser in Schach halten ließe, wird übrigens nicht thematisiert.

Überhaupt steht es schlecht um die Hygiene in China. Obwohl ein Blick ins blitzsaubere und zweifelsfrei chinesisch geprägte Singapur zeigt: Sie können es eigentlich. Sehr gut sogar. Doch das kultivierteste Volk der Welt rülpst, furzt und rotzt in der Öffentlichkeit, dass es nur so eine Freude ist. (Sollten Sie gerade essen, lesen Sie bitte weiter auf Seite 52 und holen Sie die Lektüre dieses Kapitels später nach). Natürlich schickt es sich nicht, dies laut auszusprechen oder gar auf Papier zu bannen, politisch inkorrekt ist es sowieso. Und schlimmer war es auch schon. Damals. China-Veteranen der ersten Stunde erinnern sich noch mit Schrecken an die Spucknäpfe aus Emaille, die bis in die 1990er an jeder Ecke herumstanden. Den Fehler, hineinzuschauen, beging man nur einmal. Auch die Geräuschkulisse, wenn Herren mittleren Alters mit der Saugkraft eines Industriestaubsaugers den Schleim aus allen möglichen Körperregionen sammeln und schließlich auf die Straße spucken, verschlägt dem Mitteleuropäer auf Dauer den Appetit.

Als besonders eindrucksvoll ist mir eine morgendliche Szenerie im Universitätspark im Gedächtnis geblieben. Jeden Tag trafen sich hier eine Handvoll Taiji-Veteranen, die zu klassischer chinesischer Musik stimmungsvoll ihre Übungen vollzogen. Im Gleichklang, graziös, kurzum, das gelebte China-Klischee. Gleich neben der Wiese, vor dem Hauptgebäude mit den geschwungenen Dächern, pflanzte der Hausmeister jeden Morgen aufs Neue extra für diese Gruppe ein großes Banner mit schwungvoll kalligraphierten Zeichen. Eines Morgens fragte ich einen chinesischen Freund nach der Bedeutung – auf dem Schild stand doch tatsächlich: »Nicht auf den Boden rotzen.«

Für diese Unsitte gibt es ausnahmsweise eine schöne Erklärung: Laut traditioneller chinesischer Medizin muss der Schleim aus Lunge, Bronchien und woher sonst noch sofort entsorgt werden. Das lassen sich die meisten Menschen in China nicht zweimal sagen. Wäre die Weltausstellung Expo nicht im Jahr 2010 an die Stadt Shanghai gegangen, wir alle würden heute noch vor den Spuckeimern erschaudern. Kurz vor der Eröffnung wurde das öffentliche Ausspucken (ein Euphemismus, der die wahren Schrecken des Rotzens vertuscht) kurzerhand mit empfindlichen Strafen belegt.

Vielleicht stimmt auch die These eines amerikanischen Arztes, der einen Virus als Verantwortlichen vermutete. Durch die Unterbrechung der »Rotz-Ansteckungskette« konnten mit einem Male viele Menschen diesen Virus auskurieren, ohne sich wieder anzustecken. Egal, welche Variante richtig ist: Die Spuckeimer fehlen uns Ausländern definitiv nicht.

Wer dennoch ein wenig in der Hygiene-Nostalgie schwelgen möchte, sollte einfach essen gehen. Nicht in einem der neuen Restaurants, in denen die Bedienungen teure Qipao-Kleider tragen und der Besitzer allen Ernstes das Wort »Inneneinrichtung« in seinem Wortschatz führt. Nein, die richtige Adresse sind kleine Lokale in den Nebengassen, dort, wo unter Neonlicht Resopaltische mit schmierigen, eingeschweißten Speisekarten und billigem Plastikgeschirr auf Kunden warten, wo man das Tagesmenü an der Schürze der Köchin ablesen kann und Händewaschen nur von Weicheiern praktiziert wird. Außerdem – mit welchem Wasseranschluss bitte?

Gespült wird mit der Brühe, die schon vormittags keinen flüssigen Eindruck mehr macht.

Schwierig ist hier auch der Umgang mit den anderen Gästen. Die Chinesen mögen dem Westen seit vielen Jahrhunderten in Sachen Etikette und Höflichkeit voraus sein, doch eines ist sicher: Nicht bei Tisch! Positiv formuliert könnte man sagen: Die meisten Chinesen machen keinen Hehl daraus, dass Essen rundherum Spaß macht. Leider lässt sich dies weder überhören noch übersehen. Die Frage: »Kann ich mir eine anzünden«, irgendwann zwischen Vorspeise und letztem Gang gestellt, lässt Chinesen die Stirn runzeln: Was fehlt dem Ausländer? Feuerzeug? Zigaretten? Aschenbecher? Wie kann man ihm helfen? Dass dahinter die berechtigte Sorge steht, der Zigarettenrauch könnte am Ende einen der anderen Genießer stören, käme wohl niemandem in den Sinn. Zugegeben, das Reich der Mitte kennt auch hochpreisige Etablissements mit gepflegtem West-Ambiente, in denen nicht geraucht werden darf.

Doch die Realität der 1,3 Milliarden findet nicht in den Food-Tempeln der neureichen Oberschicht statt, sondern in jenen kleinen Klitschen, in denen es zwar prima schmeckt, das Essen aber gerne mit Spätfolgen überrascht. Ich will es mal so sagen: Nach der zweiten Lebensmittelvergiftung weiß man ganz gut, dass süßliches Fleisch meist nicht nur einen seltsamen Nachgeschmack hat, sondern tatsächlich schlecht ist. Wahrscheinlich würde es mir aber auch beim dritten Mal nicht auffallen, weil die anderen Restaurantbesucher einen großen Teil meiner Aufmerksamkeit auf sich ziehen: Während der Sitznachbar auf der rechten Seite mit Inbrunst in den Zähnen pult, gibt der Nachbar auf der linken Seite ohne jede Scham einen Rülpser nach dem anderen von sich. Und dies ist keine Frage von Bildung. Der rülpsende und furzende Gast am Nachbartisch könnte ein bekannter Literat sein, ein Politiker oder Professor. Chinesen mit viel Westkontakt haben diese fröhlichen Sitten in ausländischer Begleitung längst abgelegt – und überraschen zu Hause mit einer ungleich freizügigeren Freude an den Körperfunktionen. Natürlich hat diese lockere Haltung in Sachen Tischsitten einige Vorteile. Auch für den westlichen Besucher. Wer hätte sich nicht schon immer insgeheim gewünscht, es wäre statthaft, das hartnäckige Stück Rindfleisch zwischen dem letzten und vorletzten Zahn gleich sofort am Tisch zu eliminieren? Auch Nase hochziehen oder Aufstoßen sind absolut o.k. Zurückgekehrte Sinologen und alte China-Hasen erkennt man daher in unseren Breiten genau an diesen Angewohnheiten.

小心：公共厕所！

GUT GESPÜLT

Eines der furchterregendsten Wörter im Chinesischen lautet »gōnggong cèsuǒ«

Warum die sanitäre Zukunft Chinas in den Sternen steht

Im Jahre 2008 brachte Chinas Hauptstadt erstmals eine Toilettenkarte auf den Markt. Unterteilt nach Sternekategorien waren all jene stillen Örtchen Pekings eingetragen, die der Landesbeauftragte für Toiletten des Tourismusministeriums für ausländergerecht hielt. Westler ließ die Karte gleich zweimal stutzen: »Ein Landesbeauftragter für Toiletten ...?«, wunderten sich die China-Neulinge. Die alten Hasen ihrerseits staunten, dass sich überhaupt so viele annehmbare Toiletten finden ließen, dass es sich lohnte, eine derartige Karte zu drucken. Andere wiederum munkelten, man wolle die Besucher nur in Sicherheit wiegen, um sie später, auf dem Land, umso vernichtender zu schlagen. Sicher ist: Die meisten Toiletten in China brauchen keine Karte, man findet sie ganz einfach, indem man die Nase in den Wind hält. Aus dem fernen Europa betrachtet, mag das ein wenig nach Mäkelei klingen und pingelig wirken. Ohnehin ist das Thema »Toiletten« keines, das man beim Diaabend thematisieren möchte. Kein kulturelles Muss. Oder doch?

Eigentlich hatten die Chinesen in Sachen Sanitär die

(sprichwörtliche) Nase viele Jahrhunderte vorn: Bei Ausgrabungen in der Stadt Shangqiu der chinesischen Provinz Henan entdeckten Archäologen in einem kaiserlichen Grab ein mehr als 2000 Jahre altes Wasserklo mit Spülung. Recht komfortabel übrigens, mit Armstütze und Steinsitz. Immerhin sollte hier kein Geringerer als der Kaiser sitzen. Vielleicht sogar für immer, schließlich handelte es sich um Grabbeigaben für das Jenseits, und da spielt Komfort allemal eine Rolle.

Überhaupt muss man an dieser Stelle anmerken: Viele Extras rund um die Toilette wurden im Fernen Osten erfunden: Bereits im 6. Jahrhundert kam in China das Toilettenpapier auf, auch wenn es in den nächsten Jahrhunderten ausschließlich der Oberschicht vorbehalten war. Immerhin sind aus dem 14. Jahrhundert die Buchhaltungsunterlagen einer chinesischen Toilettenpapierfabrik erhalten: Allein für den Kaiserhof wurden pro Jahr 720 000 Blätter Klopapier produziert. Kein Wunder, dass sogar zwei Toilettengöttinnen, Zigu und Qigu, über das stille Örtchen wachten. Der Rest der Welt musste, ganz ohne göttlich-sanitären Beistand, viele Jahrhunderte mit weitaus unangenehmeren Materialien vorliebnehmen: Erst 1857 wurde in den USA das erste Toilettenpapier hergestellt!

Das Problem ist: Irgendwann müssen diese Errungenschaften im Reich der Mitte wieder vergessen worden sein – und zwar in Form einer sanitären Totalamnesie!

Denn die modernen öffentlichen Toiletten haben wahrlich und bedauerlicherweise nichts Kaiserliches mehr an sich: Die ersten öffentlichen Bedürfnisanstalten (gōnggòng cèsuǒ) stammen zwar immerhin aus der Han-Dynastie (206 v. Chr. – 220 n. Chr.), geht es nach Geruch und Zustand, möchte man jedoch fast glauben, dass sie seither unverändert in Betrieb sind. Gemeinschaftslatrinen sind selbst in den Großstädten noch gang und gäbe. Und sie riechen genauso höllisch, wie man es sich in den schlimmsten Phantasien vorstellt – und zwar schon von Weitem. Drinnen wartet die nächste Überraschung: Entlang einer gemeinsamen Rinne, die alle paar Minuten (die gute Variante) oder offensichtlich nie (die ganz schlechte Variante) automatisch gespült wird und dem Besucher dabei zwangsläufig die Produkte aus der Nachbarkabine vor Augen führt, trennen niedrige Holzwände die Besucher voneinander ab. Problematisch für den deutschen Toilettengänger ist: Die Absperrungen sind nicht wirklich auf eine Körpergröße von über 1,70 Metern ausgelegt. Ist der Ausländer weithin sichtbar, nutzt manch ein Chinese die Gelegenheit, über das Holzbrett hinweg endlich mal seine Englischkenntnisse auszuprobieren. »Where do you come from?«, schallt es da auf einmal über die Absperrung, wobei ein freundliches Gesicht auf eine Plauderei mit dem Hosen-losen Ausländer hofft, den derweil eine fiese Reisediarrhöe plagt. Eigentlich ist es unnötig hinzuzufügen: Dies ist kein idealer Moment für die Völkerverständigung und wird selten mit tiefgründigen Gesprächen belohnt.

Skeptikern, die diese Beschreibungen für übertrieben halten, sei eine der öffentlichen Toiletten im Pekinger Nightlife-Bezirk Houhai empfohlen. Sollten sie wider Erwarten doch schon saniert worden sein, seien Sie nicht enttäuscht: Rund ein Sechstel aller Pekinger, also mindestens drei Millionen Menschen, ist derzeit noch auf öffentliche Toiletten angewiesen (sprich: sie haben keine eigene Toilette in der Wohnung) – da dürften sich noch allerhand andere Gelegenheiten für ein authentisches Sanitärerlebnis ergeben. Ansonsten hilft ein Ausflug aufs Land. Mein persönlicher Geheimtipp ist die Provinz Anhui: Von den Toiletten am Berg Huangshan kann man nur hoffen, dass sie eines Tages sang- und klanglos den Berg hinabrutschen. Die Versuchung, ins Grüne auszuweichen, ist gering: Selbst an schlechten Tagen ist der Berg so gut besucht, dass ein Gang hinter den Busch quasi die Garantie dafür ist, seinen blanken Hintern in einem chinesischen Fotoalbum oder gar irgendwo auf Facebook wiederzufinden. In den umliegenden Dörfern gibt es derweil noch zahlreiche

Bauern, die in der Schweinemast auf den Nachschub aus dem Abort zählen.

Kein Wunder, dass gerade in China Ausländer mit Begeisterung und Hingabe Toilettengeschichten austauschen. Wir können nichts dafür – es ist der schiere Leidensdruck! Spätestens nach den ersten zwei oder drei Bier ergötzen wir uns im Biergarten oder einer lauschigen Ecke des Restaurants an den schauerlichen Erlebnissen der anderen Ausländer, nur um sie mit einer eigenen, noch ein wenig gruseligeren Geschichte zu toppen. »Schlimm, schlimm …«, pflichten eventuell anwesende chinesische Gesprächspartner bei, bevor eine peinliche Pause eintritt – dieses Thema ist definitiv nicht gesellschaftsfähig. Fairerweise muss man hinzufügen: China arbeitet daran.

Schon die Existenz eines landesweiten Toiletten-Beauftragten lässt jedoch ahnen: Hier gibt es noch eine Menge zu tun. Geradezu rührend mutet daher das Projekt der Sternebewertung an. Insgesamt kennt die *Peking Tourism Administration*, also kurzum die Behörde, die sich mit allen Belangen des Tourismus befasst, nämlich vier Sternekategorien. Die 58 (in Worten: achtundfünfzig!) Kriterien für die Einstufung der öffentlichen Toiletten sind beeindruckend und würden definitiv den Rahmen dieses Buches sprengen – als wären die meisten nicht mit einer geruchsfreien und mit Klopapier bestückten Kabine hochzufrieden! Von der Größe der Anlage bis zur korrekten 60 : 40-Ratio bei der Raumaufteilung zwischen Frauen- und Männer-Toiletten spielen allerhand weitere Merkmale wie Helligkeit, Hintergrundmusik (das ist nicht ironisch gemeint) und andere Extras eine Rolle.

Mittlerweile gibt es in China übrigens auch Toiletten nach westlicher Bauart, die allerdings nicht zwingend besser sind, lässt doch der olfaktorische und hygienische Standard auch hier meist zu wünschen übrig. Ein für europäische Besucher wirklich verblüffendes Rätsel sind dabei die Schuhabdrücke auf der Klobrille, die man hier häufig findet. Hier wird doch nicht etwa einer in der Hocke auf der Brille ...? Doch! Besonders beeindruckend wird diese Leistung, wenn man ihr auf der Toilette eines Schiffes begegnet (mein persönlicher Tipp: die Fähre von Tainan auf Taiwan zu den Penghu-Inseln an einem rauen Tag), wo Abdrücke von Stöckelschuhen von beachtlichen Balanceakten zeugen. In diesem Fall bleibt wahrscheinlich nur, auf göttlichen Beistand zu hoffen. Dann müssen Zigu und Qigu wieder einmal ran. Genau. Die beiden Klo-Göttinnen aus dem daoistischen Pantheon. Interessant wäre: Was opfert man den beiden eigentlich?

Auf dem Land, wo die Situation noch gravierender ist als in der Stadt, empfiehlt es sich übrigens die folgenden Toilettenregeln zu beherzigen:

1. Lassen Sie niemals (NIE!) eine saubere Toilette aus. Es könnte für lange Zeit die letzte sein.
2. Tragen Sie immer (IMMER!) Klopapier in der Hosentasche.
3. Stecken Sie weder Schlüssel noch Geld in die Hosentasche, wenn Sie nicht zuhören möchten, wie sie in die Kanalisation klimpern.
4. Bringen Sie das penetranteste Erfrischungstuch mit, das Sie kennen.
5. Krempeln Sie auf öffentlichen Toiletten die Hosenbeine hoch!
6. Benutztes Klopapier gehört in den kleinen Eimer neben dem Abort, den Sie nach der Devise »Reintun – ja, Reinschauen – nein!« benutzen sollten.
7. Rauchen Sie niemals (NIEMALS!) in einer chinesischen Toilette – vor allem nicht im Sommer!
8. Seien Sie schnell wie der Blitz.

丢面子

SCHAU MIR INS GESICHT, KLEINES

**Ausländer können kein Gesicht verlieren –
sie haben keines!**

**Machen Sie doch, was Sie wollen –
alle anderen machen es auch**

Chinesen schreien nicht herum, sind immer höflich, achten stets darauf, andere Menschen nicht zu verletzen, und lächeln permanent. Falls Ihnen dieses China-Bild am Herzen liegt, lesen Sie bitte nicht weiter!

Wer auch immer die Mär vom allzeit höflichen Chinesen im Westen verbreitet hat, er war entweder nicht lange in China oder hat das Land seit dem vorletzten Jahrhundert nicht mehr besucht.

Die Realität sieht nämlich so aus: Samstagnachmittag in einem Shanghaier Kaufhaus. Eine nicht gerade zierliche Amerikanerin stöbert durch die Damenabteilung und fragt schließlich nach einer Hose in ihrer Größe. Die ältliche Verkäuferin zieht die Augenbrauen bis zum Haaransatz und atmet genervt aus: »Haben wir nicht. Zu fett!« Ihre Kolleginnen kichern dazu. Für einen Moment scheint die Amerikanerin an ihren Sprachkenntnissen zu zweifeln und macht sich schließlich mit einem gequälten Lächeln aus dem Staub.

Ist das höflich?

Kommen Sie mir nicht mit der interkulturellen Erklärung, dass Fettsein in China erstrebenswert und dieser Satz ergo als freundliches Kompliment gemeint sei. Alles Humbug! Niemand in China will mehr dick sein. Dort liest man nämlich auch schon etwas länger die chinesische Ausgabe der *Cosmopolitan*. Von der Diskussion über die Größe der Nase – wohl gemerkt, <u>nachdem</u> man sich als sprachkundig geoutet hat – bis zu Mutmaßungen über Gehaltsklasse, Bildungsstand und Gewicht müssen sich Fremde oft die tabulosesten öffentlichen Diskussionen gefallen lassen.

Auch im Umgang mit den eigenen Landsleuten sind viele Chinesen nicht gerade pingelig: Die Bedienung im Restaurant vor allen Leuten rundmachen, Bettler aus dem Weg schubsen und dem ältlichen Rikschafahrer mit ein paar scharfen Worten mal so richtig Dampf machen: alles gang und gäbe in China.

Als Ausländer stutzt man da schon mal kurz: Wie passt das zum so wichtigen »Gesicht«?

Manche von Ihnen wissen es vielleicht: Das chinesische »Gesicht« spielt im Sozialleben eine extrem große Rolle. Für alle, die ihre China-Hausaufgaben noch nicht gemacht haben, hier die kurze Erklärung:

Das Gesicht *miànzi* 面子 ist quasi die Summe des kollektiven Ansehens, das »Ich« im Spiegel der Gesellschaft. Gesicht hat, wer von seiner Umgebung respektvoll behandelt, geachtet und nach den sozialen Standards behandelt wird. Peinlichkeiten oder Verstöße gegen die Etikette reduzieren natürlich das Gesicht, genauso wie öffentliche Kritik. Auch wer die Hierarchie stört und dem gesellschaftlich höher Stehenden nicht den ihm zustehenden Respekt und Gehorsam entgegenbringt, fügt dem Gegenüber Gesichtsverlust zu – vom eigenen Schaden gar nicht zu reden. Schließlich steht es niemandem gut, wenn er sich nicht zu benehmen weiß. So weit die Legende.

In der Realität stellt sich die Lage oft ganz anders dar: Die

Geschichte vom niemals lauten Chinesen zum Beispiel ist völliger Humbug. Es ist nicht so, dass Chinesen nie keifen und zetern oder sich niemals unhöflich verhalten – sie tun es nur zu anderen Gelegenheiten und nach anderen Regeln als Deutsche:

1. Die Schlagrichtung geht von oben nach unten. Wer in der Hierarchie weiter unten steht, muss mit Höflichkeiten nicht weiter bedacht werden.
2. Menschen, die keinen Platz in der konfuzianischen Hierarchie haben, braucht man ebenfalls nicht höflich zu behandeln.
3. Chinesen brüllen so lange, bis sie dem Gegner das gewünschte Zugeständnis abgerungen haben. Danach sind alle wieder beste Freunde. Vordergründig. Dies ändert sich erst, wenn sich die Gelegenheit zur Rache (Gesichts-Restauration) ergibt.
4. Beschimpfungen werden so formuliert, dass der Beschimpfte zwar weiß, dass er gerade das Ziel abfälliger Bemerkungen war, es aber nicht beweisen kann.
5. Angestellte tun so, als würden sie sich aus Respekt und Höflichkeit an Anweisungen halten – und machen dann, was sie wollen.

Haben Sie öfter mit Chinesen zu tun? Dann wissen Sie vielleicht bereits, dass es tausendundeine Methoden gibt, an allen Instruktionen vorbeizusegeln, und zu bekommen, was man will, ohne dass irgendjemand das Gesicht verlieren muss.

Trick 1: Von fünf Forderungen erst die vier unwichtigen erledigen, deren Erfüllung keinerlei persönliches Zugeständnis erfordert. Die fünfte einfach vergessen – »Hoppla, die muss ich übersehen haben – ehrlich!«.

Trick 2: Wenn man dabei erwischt wird, zerknirscht und beschämt zu Boden blicken, bis das Kinn die Brust berührt und (wichtig!) niemals Augenkontakt aufnehmen, so lange, bis der erboste Chef endlich weg ist. Danach weitermachen wie bisher.

Trick 3: Könner schreiben gleich noch eine Selbstkritik: »Warum es total schlecht und verwerflich war, wie ich gehandelt habe« – und machen danach weiter wie bisher.

Trick 4: Wenn es zum finalen Eklat mit dem Chef kommt (chinesische Chefs wissen nämlich nicht, dass sie nie laut werden), heißt es beleidigt und verletzt schauen: Ich habe doch (fast) alles gemacht, was mir aufgetragen wurde! Bonustrack: Die Unterlippe dabei leicht vorschieben.

Wie man das Spannungsverhältnis zwischen Gesicht und Eigeninteresse meisterhaft auflöst, durfte ich in Taiwan erleben: Während eines kurzen Wochenendtrips auf die Penghu-Inseln mit zwei taiwanischen Bekannten, waren wir eine Nacht bei einem Onkel einer der jungen Frauen eingeladen. Dummerweise gab es jedoch nur ein einziges Gästebett. Jeder Chinese wird Ihnen bestätigen: Die Gastfreundschaft ist eine geradezu heilige Institution. Sie nicht zu achten, käme einem gewaltigen Gesichtsverlust gleich. Völlig unhöflich wäre es daher, den Gast nicht im einzigen Bett schlafen zu lassen. Meine beiden Bekannten zogen sich nach kurzer Überlegung einfach die Matratze vom Bett, sodass ich auf dem steinharten Holz schlief und die beiden auf der bequemen Matratze am Boden.

Mit derartigen Raffinessen sind wir Westler oft überfordert. Und manchmal auch schon mit den einfachen Gesichts-Regeln. Obwohl wir das ominöse Gesicht in der Theorie gerne überbewerten, schmeißen wir es in der Praxis bei der erstbesten Gelegenheit gerne über Bord.

Zu den bewährten deutschen Methoden, Gesicht zu verlieren, gehören die folgenden:

1. Recht haben. Immer und unbedingt, in allen Diskussionen. Weil's doch stimmt!

2. Chinesische Politik diskutieren und recht haben.
3. Chinesen-Witze erzählen. Lachen Sie nicht, es ist unglaublich, wie viele Westler sich nach drei Schnaps der Marke Gaoliang sich geradezu gezwungen fühlen, »Schlitzaugenwitze« zu erzählen. War ja nur ein Spaß ... ja, ein ganz kurzer, der auf alle Fälle die Verhandlungen mit potenziellen Kooperationspartnern sehr beschleunigt.
4. Sich selbst loben: Ich war gut, was? Oh ja. Und zwar zum letzten Mal. Zumindest in China.
5. Schwäbische Sparsamkeit beweisen: Ist es o.k., wenn wir die Restaurantrechnung teilen? Könnte ich das Päckchen Zigaretten wiederhaben, das ich Ihnen gestern geliehen habe?
6. Sich dumm anstellen und im Restaurant mit den Stäbchen bekleckern.
7. Die Basics missachten: Die Stäbchen senkrecht in den Reis stecken, wie bei einem Opfer an die Toten, sich laut bei Tisch schnäuzen oder mit den Händen essen.

Manche finden auch ihren ganz eigenen, kreativen Weg, sich und alle anderen zu blamieren:

Als sich vor einigen Jahren der gerade erst berufene Vertreter eines chinesischen Ministeriums in Deutschland dem journalistischen Publikum stellte, wollte er die Anwesenden mit einer Rede auf Deutsch gewinnen. Dummerweise schien sein Germanistikstudium doch schon einige Jahre her und auch die Erinnerung daran lückenhaft. Die notdürftig gestammelte Rede hätte man wahrscheinlich zehn Minuten später am Buffet vergessen, wäre nicht die Inhaberin der PR-Agentur aufgesprungen, um den armen Mann tröstend in den Arm zu nehmen und mit einigen Worten vor versammeltem Publikum ein wenig aufzumuntern: »Das finde ich echt mutig, dass Sie die Rede auf Deutsch gehalten haben, obwohl Sie so schlecht Deutsch sprechen.« Dies war einer der Momente, wo man auch als interkulturell ungeschulter Mensch in Zeitlupe zuschauen konnte, wie sich das Gesicht löste und schließlich am Boden zersprang. Auch für den nunmehr Gesichts-losen Chinesen dürfte dieser Vorfall eine überraschende Erfahrung gewesen sein. So wie Chinesen in Europa als überaus höflich gelten, so stehen Deutsche in China eigentlich für Korrektheit und Zurückhaltung.

你是从哪里来的

SPRICH MIT MIR: DEUTSCH-CHINESISCHE KONVERSATION

Der Soli kommt aus China

Hello!

Gespräche mit echten Einheimischen, das lieben wir Deutschen! Nichts macht Touristen glücklicher, als wenn sie für einen kurzen Moment den Hauch von Authentizität erfahren, der aus einem banalen Urlaub eine echte Reiseerfahrung macht – die ungefilterte Stimme des Volkes. In China freilich ist das mit der Stimme des Volkes so eine Sache. Sie redet schon aus sprachlichen Gründen nicht mit jedem. Und wer diese Hürde nach längeren Studien überwunden hat (oder zumindest eine erste Unterhaltung zusammenstoppeln kann), auf den wartet so manch eine Überraschung.

Die gute Neuigkeit ist: Es ist kein bisschen schwer, mit Chinesen ins Gespräch zu kommen. Schon rudimentäre Kenntnisse reichen aus, um zumindest einige Minuten zu überbrücken. Auch scheren sich Chinesen kein bisschen um das Klischee des zurückhaltenden Asiaten und ergreifen auch selbst gerne die Initiative: Ausländer sind, vor allem in Kleinstädten und auf dem Lande, noch immer eine echte Sensation, von der man möglichst viel profitieren sollte. Zum Beispiel, indem man dem Besucher Löcher in den Bauch fragt.

Allerdings dämmert auch Menschen mit begrenzten Chinesischkenntnissen nach einigen Begegnungen: Irgendwie scheinen sich die Gespräche erstaunlich zu gleichen …

In der Tat folgen landesweit ALLE westlich-chinesischen Konversationen einem einheitlichen Muster, das sich im Laufe der Jahrzehnte nur geringfügig geändert hat.

In den 1980ern, also der Zeit, zu der sich dank Auslandsstudenten und erster Geschäftsreisender erstmals für viele Menschen die Möglichkeit ergab, mit einer waschechten Langnase zu sprechen, lautete die Einstiegsphase des Dialogs so:

»Woher kommst du?«

»Deutschland.«

»Ost oder West?«

Man muss dazusagen: Die Frage »Ost oder West« blieb bis weit nach dem Mauerfall ein entscheidender Aspekt, der sich vor allem in Taxis und Motorrikschas maßgeblich auf die Preisgestaltung auswirkte. Auch Westdeutsche lernten damals schnell, dass die Ostpreise unter den Westpreisen lagen. Wer behauptet, der Solidaritätszuschlag sei eine deutsche Erfindung, liegt also komplett daneben. Andererseits war die Frage »Kommst du aus dem Osten?« ein Hinweis, dass es Zeit war, sich mal wieder die Haare zu waschen und ein wenig in neue Kleidung zu investieren. Auch wenn es ostdeutsche Leser schmerzen mag: Das Klischee des Ostdeutschen beziehungsweise des Osteuropäers ließ ziemlich zu wünschen übrig. Auf dem Hinweg zur Disko, frisch geschminkt und frisiert, wurden wir Ausländer in den 1990ern meist als *méiguó de* (Amerikaner) bestaunt. Spät in der Nacht, ramponiert und verschwitzt auf dem Rückweg, war für die Taxifahrer jedoch klar: »*sūlián de, eh?*« (Aus der Sowjetunion, oder?). Analog dazu wurden Westdeutsche in diesem Zustand für Ostdeutsche gehalten. Warum gerade die sozialistischen Brüdervölker einen so schlechten Ruf hatten, erschloss sich nicht: Anders als die Pekinger, die ja zumindest hin und wieder russischen Händlern begegneten, konnten südchinesische Taxifahrer kaum auf persönliche Erfahrungen zurückgreifen.

Im folgenden Verlauf ergaben sich also zwei Möglichkeiten des Gesprächsverlaufs:

Alternative 1:

»Ich bin aus Westdeutschland.«

»Ah! Karl Marx! D-Mark! Ein reiches Land!«

Alternative 2:

»Ich bin aus Ostdeutschland.«

»Oh (betroffenes Schweigen). Das Gebäude da hinten/da vorne/rechts/links wurde mithilfe der DDR gebaut.«

Ab 1990 kam dann meist noch der tröstende Zusatz: »Aber die Mauer ist jetzt ja weg, oder?«

Eines änderte sich im Laufe der Jahre allerdings doch: Das Name-dropping. Aus Makesi (Karl Marx) wurde recht schnell Beikebao'er (Franz Beckenbauer), der sich wiederum in Shilapuna verwandelte, also Klaus Schlappner, der von 1992 bis 1995 die chinesische Fußballnationalmannschaft trainierte, und schließlich zu Lamu (Philipp Lahm) und Shiweiyinsitaige (Bastian Schweinsteiger) mutierte.

Konversationstechnisch macht Angela Merkel mehr Furore als Schröder, wohl weil man es recht außergewöhnlich findet, dass eine Frau Staatschefin wurde, wobei Gerhard Schröder den Chinesen mit dem Beinamen »Audi-Kanzler« in Erinnerung blieb. Mit der Autoindustrie hat dies eher wenig zu tun, sondern ist der Tatsache geschuldet, dass sich Schröder, wie die Automarke, bereits mit dem vierten (Ehe-)Ring schmückt.

Weitere zeitlose Klassiker sind die folgenden Fragen:

»Wie viel verdienen Sie in Deutschland?«

»Was hat diese Handtasche gekostet?«

»Sind Sie verheiratet?«

»Wie viele Kinder haben Sie?«

(Falls keine vorhanden): »Wieso haben Sie keine Kinder?«

Einkommensfragen liegen vielen Chinesen besonders am Herzen. Beantwortet man sie wahrheitsgemäß, verschlägt es den meisten kleinen Angestellten und Geschäftsleuten die Sprache. Wow, so viel für meinen Job? Alle Hinweise, dass in Deutschland natürlich Miete, Lebensmittel und allerhand andere Dinge erheblich mehr kosten als in China, sind jedoch für die Katz. Und die Preise drückt es auch nicht gerade. Wer nicht selbst persönlich und stante pede am Ausgleich dieser ungerechten Einkommensverteilung durch einen kleinen Ausländermalus teilhaben will, hält daher lieber die Klappe.

Die Frage nach dem Ehestand und eventuellen Kindern sind den meisten Westlern eher ein wenig peinlich. Vor allem, wenn die korrekte Antwort »frisch geschieden« und »keine Kinder« lautet. Letzteres ist ein echter Makel, der unbedingt weiteres Nachbohren erfordert: Wieso denn bloß nicht?

Wer es irgendwann leid wird, sich für sein Singledasein zu rechtfertigen, der ist mit einem Goldring am richtigen Finger gut beraten.

Sind die Familienverhältnisse geklärt, kommt der kleine China-Check an die Reihe. Doch Achtung! Auf die Fangfrage: »Wie gefällt Ihnen China?« heißt es unbedingt in Lobhudelei auszubrechen, auch wenn der Taxifahrer selbst wild auf Land, Leute und Regierung schimpft. Nur Chinesen dürfen über China herziehen!

Als Nächstes wird überprüft, welche Sehenswürdigkeiten der ausländische Gast bereits besucht hat und ob er die lokalen Spezialitäten der jeweiligen Region gekostet hat. Hat er natürlich nicht, und schon wieder gibt es zwei Minuspunkte für fremdländisches Banausentum.

Spätestens nach der fünften Begegnung im Taxi, auf dem Markt oder im Café kommt man als Ausländer nicht umhin festzustellen, wie verblüffend sich die Unterhaltungen gleichen. Fast scheint es, der allgemeine Fragenkatalog sei genetisch verankert: Sogar im Ausland, zum Beispiel bei einer deutsch-chinesischen Begegnung auf den Malediven oder in Frankreich, gibt es keinen Grund, von diesem bewährten Repertoire abzuweichen. Egal, ob es sich um den Bauern eines abgelegenen Dorfes in der südlichen Provinz Kanton oder einen Taxifahrer aus Peking handelt: Diese Fragen müssen einfach mal raus!

Gegenfragen sind übrigens erlaubt und keineswegs unhöflich. Was verdient eigentlich ein chinesischer Verkäufer auf dem Markt? Und ein Taxifahrer in Shanghai? Wie lange muss die Bedienung im Café arbeiten, bis sie Miete und Essen drinhat?

Richtige Fettnäpfchen sind dagegen Vergleiche mit Japan oder Korea (eisiges Schweigen!), es sei denn, sie zeigen China in einem weitaus besseren Licht als die beiden Nachbarvölker.

Auch die Gegenfrage: »Was halten Sie von Falungong?«, dürfte kaum die Reaktion hervorrufen, die sich der Ausländer so wünscht. In China selbst hat die Sekte einen ziemlich gemischten Ruf. Auch Fragen zu den großen »T«s, die dem Westler so am Herzen liegen, führen direkt in die Sackgasse: Tibet, Taiwan und die Todesstrafe sind keine Themen für den schnellen Dialog.

Aufhorchen sollte man bei der Bemerkung: »Ihr Chinesisch ist echt gut.« Das heißt übersetzt nämlich eher so etwas wie: »Was für ein putziges Gestammel.« Verräterisch ist auch, wenn dieser Satz dem Ausländer schon nach dem ersten Ni-hao-Gruß serviert wird. Echte Schmeichler loben die Chinesischkenntnisse des Ausländers schon, wenn noch gar keine chinesischen Worte gefallen sind und der bisherige Austausch auf Englisch stattfand. Vielleicht, weil man generell davon ausgeht, dass einige freundliche Worte nie schaden. Oder weil man sowieso der Meinung ist, dass der trampelige Ausländer dies gar nicht merken wird.

Eine gar nicht so seltene Sonderform dieses Dialogs beginnt mit der Frage: »Sprichst du eigentlich Chinesisch?«, die gerne nach einer zehnminütigen (auf Chinesisch geführten) Konversation erfolgt und eigentlich nur mit einem: »Nee, bis jetzt habe ich nur simuliert« wirklich gewürdigt werden kann.

Nicht weniger schmeichelhaft ist und bleibt die interessierte Frage: »Wieso sprechen Sie eigentlich so schlecht Chinesisch?« Dies hört man vor allem in abgelegenen Orten, in denen es sich noch nicht herumgesprochen hat, dass es durchaus Menschen auf der Welt gibt, deren Muttersprache nicht Chinesisch ist. Dank Internet wird diese Spezies allerdings immer kleiner.

Womit wir bei einer Form der Konversation wären, die mitunter schmerzhafte Züge annehmen kann: Das Gespräch auf Englisch.

Mit spätestens zwei Jahren löst der Anblick eines Ausländers bei kleinen Chinesen den »Hello«-Reflex aus. Ein substanzielles Gespräch wird daraus mangels englischer Sprachkenntnisse jedoch nie. Natürlich gibt es Millionen von Chinesen, die des Englischen mächtig sind. Allerdings haben diese es gar mehr nötig, Ausländer auf der Straße anzusprechen, und tun es daher auch nicht.

Die schlimmste Variante des Hello-Dialogs geht so:

Chinese: »Hello!«

Ausländer: »Hello!«

Chinese: (Stille)

Ausländer: »How are you?«

Chinese: (Stille)

In der Zwischenzeit haben sich bereits fünf oder sechs Menschen um die Sprecher versammelt, die das Schauspiel sichtlich genießen und den sprachlosen Landsmann ordentlich durch den Kakao ziehen.

Mit ein wenig Glück wird aus dem Hello zumindest eine kurze Unterhaltung, soweit es eben mit chinesischem Schulenglisch möglich ist, sich zu verständigen. In dieser Situation kann man übrigens Touristen und Expats sofort unterscheiden: Während Touristen derartige Konversationen geradezu genießen – da ist sie endlich, die authentische Erfahrung! – und brav ihre Herkunft, Alter und Ehestand verraten, ergreifen Expats bei der hundertsten Wiederholung der »Where are you from«-Inquisition sofort die Flucht.

中国交通

TÄGLICH GRÜSST DER TOD: STRASSENVERKEHR IN CHINA

Die landesweit wichtigste Regel bei Verkehrsunfällen lautet: Stehen bleiben und zuschauen!

Die landesweit wichtigste Regel im fließenden Verkehr lautet: Der Stärkere hat recht

Dreckige Toiletten, glotzende Kinder, das permanente »Hello!«, Kakerlaken am Spieß – all dies nimmt der Ausländer gelassen mit einem milden Lächeln hin. Schließlich hat man ja Auslandserfahrung und ist sich aller interkulturellen Probleme bewusst. Nein, wer einem westlichen Besucher wirklich zusetzen will, der setzt ihn in die erste Reihe eines Überlandbusses. Es muss keine weite Strecke sein. Wie wäre es mit einem Ausflug von Guilin nach Yangshuo? Das kleine, nette Dörfchen liegt an einer gut ausgebauten Asphaltstrecke mitten in der Provinz Guangxi. Rechts und links der brettebenen und kerzengeraden Straßen ragen steile Karstberge in den subtropischen Himmel, auf den Feldern ernten Bauern im spitzen Strohhut per Hand den Reis. Malerisch. Und ideal, um mal richtig zu zeigen, was der Motor hergibt. Dass die Straße rechts und links nur je über eine Spur verfügt, muss dabei kein Hindernis sein. Geschwindigkeitsbegrenzungen gelten sowieso nur als Vorschläge und richten sich ausschließlich an lasche Memmen. In den Bus also, und mit Vollgas gen Horizont. Während die Landschaft vorbeirast und die Gänge knirschen (China kennt keinen TÜV, jeder fährt so lange, bis er irgendwann liegen bleibt), plaudert der Fahrer entspannt mit den Fahrgästen, schließlich kennt er die Strecke in- und auswendig. Taucht ein langsameres Fahrzeug auf, gibt es nur eine mögliche Reaktion: Überholen. Links zum Beispiel. Oder rechts oder mittendurch, wenn es sich um zwei Radfahrer handelt und dem Fahrer der Sinn nach einer lustigen Herausforderung steht.

Den Fuß fest auf dem Gaspedal, umschlingert der Bus dann Radler, Ochsenkarren und anderes niederes Volk so schnell, dass auch erfahrene Autoscooter-Rempler mit dem Würgereiz kämpfen. All dies, ohne sich an den entgegenkommenden Lastwagen zu stören. Erst in letzter Sekunde weicht der Gegenverkehr aus und rauscht mit einem spürbaren »Fuuuuup« rechts und links vorbei. Auch spielende Kinder auf der Straße, wagemutig kreuzende Traktoren und – die Krönung – das meterlange Rohr auf einem Fahrrad, das ein Bauer quer über die Straße schiebt, sind es nicht wert zu bremsen. Mindestens genauso aufregend wie das eigentliche Adrenalin-Erlebnis ist die Tatsache, dass alle anderen (chinesischen) Fahrgäste dies völlig normal finden. Das eine oder andere ausgebrannte Wrack am Straßenrand beweist derweil, dass Busse in der Tat nicht zu den sicheren Verkehrsmitteln gehören.

Aber, hey, niemand mit einer westlichen Geldbörse muss in China Bus fahren! Alternativ zum Überlandbus bietet das Reich der Mitte auch noch das Individualerlebnis »Taxi« mit seinen ganz eigenen Herausforderungen. Die passende Vorschau gibt es schon beim Einsteigen, denn landesweit tut man sich schwer mit der Benutzung des Taxometers: »Einschalten?« Der Fahrer wirft einen interessierten Blick auf das Display, als wäre ihm in all den Jahren noch nie einer untergekommen, der dieses Gerät allen Ernstes benutzen wollte. (Genauso beliebt ist übrigens ein bedauerndes: »Kein Wechselgeld«, wenn der Gast viele Liter Angstschweiß später die anfallenden zwölf Yuan mit einem Hunderter bezahlen will.)

Auch bei der Auslegung der Adressinstruktionen setzen Taxifahrer gerne eigene Akzente: »Yin-Yang-Hotel? Ganz schlechtes Haus! Da fahren wir besser woanders hin«, beschließt der Taxifahrer, mehr im Dialog mit sich selbst als mit dem Fahrgast. Und lässt sich nur schwer von seinem Vorhaben abbringen. Sprachkenner wissen: Nein, das ist kein ausschließlich linguistisches Problem.

Hin und wieder darf der ausländische Fahrgast froh sein, wenn es überhaupt zum Gespräch kommt. In Peking zum Beispiel, wo Taxifahrer sich nur ungern mit Ausländern abgeben. Nicht, weil man hier besonders ausländerfeindlich wäre – der Umgang mit ihnen ist einfach *máfan*: Lästig, weil diese Langnasen in der Regel nicht perfekt Chinesisch sprechen und da ist es allemal einfacher, ihr Winken am Straßenrand zu ignorieren. Drängt sich dann doch einer blitzschnell auf den Rücksitz, ist die Überraschung auf beiden Seiten groß. Für den Taxifahrer, weil die Langnase sich doch verständlich machen kann, und für den Ausländer, weil Pekings Taxifahrer so bar jeglicher Ortkenntnisse operieren, dass man sich fragt, wie sie nach der Pinkelpause ihr Fahrzeug wiederfinden. »Zum Russenmarkt? Gibt's in Peking nicht!« Mit verschränkten Armen starrt der Taxifahrer geradeaus durch die Windschutzscheibe. Im Reiseführer steht es anders: Am Ritan-Park liegt er, seit vielen Jahren, und man fragt sich: Wie sind all die Russen dahin gekommen, wenn nicht mit dem Taxi? Widerwillig lässt sich der Fahrer überreden, doch noch loszufahren und unterwegs bei einigen Passanten nachzufragen. Nirgendwo sonst auf der Welt sind so viele Taxifahrer unterwegs, die glaubhaft den Eindruck erwecken, keinen Tag früher in der Stadt angekommen zu sein, als ihre ausländischen Fahrgäste. An der Größe der Stadt kann es übrigens nicht liegen. Denn die Shanghaier Konkurrenz kennt jede Adresse und greift im Zweifelsfall zum Stadtplan. Und weil sie nicht mehr über geografische Fragen nachdenken müssen, flitzen sie umso schneller durch die Hochhausschluchten.

Um Vorurteilen gleich vorzubeugen: Es kann nicht wirklich daran liegen, dass Chinesen nicht mit Technik umgehen könnten oder den Anforderungen des modernen Verkehrswesens nicht gewachsen wären. Immerhin haben sie den Transrapid weiterentwickelt (die chinesische Auslegung) beziehungsweise kopiert (die deutsche Sichtweise), liegen in vielen wissenschaftlichen Disziplinen an der Weltspitze und sind derzeit dabei, die deutsche Solarindustrie restlos aufzuräumen. Selbst Senioren halten sich in China nicht lange mit den Bedienungsanleitungen der modernsten Handy-Generation auf – sondern benutzen es einfach!

Nein, dahinter steckt etwas völlig anderes: Chinas andere, unsichtbare Seite. Die anarchische, trotzige Ader, jene Seite, die Regeln bestenfalls als Vorschläge betrachtet (vorzugsweise für die Gegenseite), und mit stoischer Ruhe die eigenen Interessen durchsetzt. Jene Seite, die immer wieder auch die Regierung in Peking verzweifeln lässt.

Generell gilt: Je weiter gen Süden, desto waghalsiger wird der Fahrstil, desto mehr Talismane baumeln am Rückspiegel (bei dieser Gelegenheit ein persönlicher Tipp: Finger weg von Taxis, deren Besitzer sich allzu sehr mit Göttlichem schmücken – sie brauchen offensichtlich Beistand! Ansonsten sind ältere Fahrer immer vorzuziehen. Immerhin haben sie schon einige Jahre Überlebensfähigkeit bewiesen).

Auch die Experimentierfreudigkeit nimmt mit jedem Kilometer gen Süden ein wenig zu: Wäre doch gelacht, wenn sich nicht doch sechs Menschen und eine lebende Sau auf einem Mofa transportieren ließen!

Geradezu exemplarisch ist der Unfall, der im November 2011 durch die Medien ging: In der Provinz Gansu starben 18 Kinder und zwei Erwachsene, als der Kindergartenbus frontal mit einem Kohlelaster zusammenprallte. Der für neun Personen zugelassene Kleinbus beförderte 64 Kinder und Erwachsene!

Landesweit, unabhängig von Nord und Süd, gilt: Nacht-fahrten über Land sollten nur jene planen, die von einem akuten Todeswunsch besessen sind. Licht, sei es an Fahrrädern oder Autos, hat sich in China bisher nicht durchsetzen können. Autofahrer versuchen meist Strom zu sparen, indem sie die Scheinwerfer schonen, während Fahrräder einfach kein Licht haben, sodass der Radler gar nicht erst in die Versuchung kommt, es einzuschalten. Dies in Kombination mit einem unvermindert rasanten Fahrverhalten liefert Stoff für viele Albträume.

Falls Sie diese Beschreibungen für übertrieben halten, empfehle ich einen Blick auf die Verkehrsstatistiken. Hier eine kleine Kostprobe: Im September 2010 knackte China die 100-Millionen-Marke bei den Autozulassungen, alle anderen motorisierten Fahrzeuge hinzugerechnet waren es rund 220 Millionen. In Anbetracht der jährlichen Wachstumsraten von rund 10 Millionen Fahrzeugen können Sie sich den aktuellen Stand recht einfach im Kopf ausrechnen.

2010 starben in der Volksrepublik nach offiziellen Angaben der chinesischen Polizei mehr als 65 000 Menschen bei Verkehrsunfällen. Die tatsächliche Opferzahl dürfte jedoch weit höher liegen – so geht die Weltgesundheitsorganisation sogar von der doppelten Anzahl aus. Nehmen wir mal an, es seien also rund 100 000 Tote – damit stünde China an der Weltspitze!

Kein Wunder, mag der Betrachter einwenden, die meisten Menschen der Welt leben ja schließlich auch in China. Stimmt. Rechnet man jedoch die Zahl der zugelassenen Autos in Relation zu den Verkehrstoten, dann kämen auf 100 000 Autos 100 Tote. Damit steht China weltweit an erster Stelle. Lediglich Indien könnte dem Reich der Mitte auf Dauer diesen Platz streitig machen. (Zum Vergleich: In Deutschland gab es 2010 rund 50 000 Kraftfahrzeuge, davon ca. 42 000 Autos und 3648 Verkehrstote, also 8,7 Verkehrstote pro 100 000 Autos.)

Dabei steht China auf dem Papier gar nicht so schlecht da.

Gurte? Aber natürlich hat jedes Auto Gurte, schließlich herrscht in China Gurtpflicht – und ist China nicht eine Diktatur, in der sich alle an die Gesetze halten? Nur mit der Benutzung hapert es noch. Laut einer chinesischen Studie beträgt die Anschnallrate immerhin 50 Prozent. Bei der Helmpflicht sieht es schon schlechter aus: Hier belegt eine ebenfalls chinesische Studie für die Provinz Guangxi immerhin 16 Prozent, was so ziemlich dem Anteil der Niederschlagstage im Jahresdurchschnitt entsprechen dürfte. Das Risiko, sich im Regen die Frisur zu ruinieren, ist derzeit noch ein weitaus besserer Grund, den Helm überzustülpen, als die Gefahr, das Hirn an einer Bordsteinkante zu verlieren.

Grund genug gäbe es allerdings schon, bei der Verkehrssicherheit etwas mehr Einsatz zu zeigen – allein im eigenen Interesse! Um die Hilfsbereitschaft steht es nämlich nicht besser als um die Helmbereitschaft. Die klassische Szenerie nach einem Verkehrsunfall lässt sich wahrlich kaum mehr mit Humor nehmen und entspricht einem chinesischen Breughel-Bild: Während sich die Opfer in einer Blutlache wälzen, stehen drum herum Hunderte von Menschen und glotzen. Ausdruckslos, ausdauernd. Helfen scheint den wenigsten in den Sinn zu kommen. Warum auch: Kenne ich das Opfer? Nein? Dann gibt es auch keinerlei Verpflichtung, sich seiner anzunehmen.

Mit einigen wenigen Urteilen gelang es der Justiz sehr effizient, diese Haltung in den letzten Jahren geradezu zu zementieren:

Als der 26-jährige Angestellte Peng Yu am 20. November 2006 einer alten Frau in Nanjing auf die Beine half, stürzte er sich selbst nachhaltig ins Unglück. Unwissentlich, versteht sich. Die 65-jährige Xu Shoulan war an einer Bushaltestelle gestoßen worden – wer die harten Sitten des Berufsverkehrs kennt, weiß, welche Nahkampfszenen sich zur Rushhour abspielen – und daraufhin zu Boden gestürzt. Peng, der die Frau aus einem Bus heraus dort liegen sah, stieg spontan aus und kümmerte sich um die Verletzte, verständigte ihren Sohn und half diesem anschließend nicht nur, Xu ins Krankenhaus zu bringen, sondern lieh ihr sogar die erforderlichen 200 Yuan, um eine erste Diagnose stellen zu lassen. Im Krankenhaus angekommen, beschuldigte ihn Xu Shoulan plötzlich, den Unfall verursacht zu haben. Der Sohn stellte sich übrigens als Polizist heraus – kein ganz unwichtiges Detail, denn im Laufe der Untersuchung verschwanden die Zeugenaussagen, die Peng entlasteten. Letztlich stand Wort gegen Wort – und Peng wurde verurteilt, die Hälfte der Krankenhauskosten in Höhe von 10 000 Yuan (umgerechnet 1000 Euro) zu zahlen. Interessant ist dabei die Begründung des Richters, die, frei übersetzt, so lautete: »Trotz mangelnder Beweise ist der Fall klar: Wenn Herr Peng die alte Frau nicht gestoßen hat, wieso hat er ihr dann geholfen? Vernünftigerweise würde doch jeder schauen, dass er bei einem Unfall so schnell wie möglich das Weite sucht! Aber Peng hat der Frau nicht nur geholfen, sondern ihr auch noch Geld gegeben, um die Untersuchungen zu bezahlen. Was wäre das für ein absurdes und lächerliches Verhalten für jemanden, der den Unfall gar nicht verursacht hat!«

Ein Einzelfall ist dieser Vorfall nicht: Immer wieder befürchten Verkehrsopfer, die hohen Krankenhauskosten nicht aufbringen zu können, und beschuldigen daher kurzerhand ihre Helfer.

Betrachtet man, mit welcher Geschwindigkeit China das Straßennetz ausbaut, lässt dies ahnen: Hier wird noch manch ein Prozess durch die Medien gehen!

Bereits jetzt hat China mit rund 3,6 Millionen Kilometern das zweitlängste Straßennetz der Welt – davon 74 000 Kilometer topmoderne Autobahnen. Und dies, obwohl erst sechs Prozent aller Chinesen ein Auto besitzen (zum Vergleich: In Deutschland sind es 56 Prozent).

Bis 2030 soll die Gesamtlänge auf mehr als 120 000 Kilometer anwachsen: Viel Platz für riskante Manöver bei Hochgeschwindigkeit und ergo weitere Unfälle!

Tröstlich ist in diesem Zusammenhang die Tatsache, dass es bei allem Fortschritt auch in China nicht immer so schnell vorwärtsgeht, wie es sich die Autofahrer wünschen: Im August 2010 steckten Tausende Autofahrer und Trucker neun Tage in einem mehr als 100 Kilometer langen Stau auf dem National Expressway 110 nahe Peking fest. Sie haben richtig gelesen: Neun! Tage!

Gut, dass Chinesen gerne Karten spielen oder sich mit dem Handy amüsieren. Die Anwohner am Streckenverlauf verdienten sich derweil dumm und dusslig, indem sie Wasser und Nudelsuppe an die Stau-Kapitäne verkauften. Die Gründe für den Stau waren übrigens recht unspektakulär: Diverse Baustellen, hohes Fahrzeugaufkommen und kleinere Unfälle hatten den Verkehr zum Stillstand gebracht.

Seit Anfang 2012 dürfen übrigens auch Touristen dank der Einführung eines temporären Führerscheins ans Steuer. Ob das wohl ein Erfolgsmodell wird?

休息休息

ANGSTWÖRTER

Der heilige Mittagsschlaf

May I take your picture?

Zwei, drei Monate in China reichen, um einige Begriffe des chinesischen Alltags mit furchterregenden Assoziationen zu verbinden. Diese Wörter sollten Sie fürchten:

Xiūxi xiūxi 休息休息
Die typische tragische Geschichte eines Xiuxi-Opfers geht so: Eine Stunde steht er in der Hitze eines Augustmittags am Bahnhof Schlange, der letzte Kunde vor ihm hat sein Zugticket schon in der Hand. Gerade will er sein Geld durch das kleine Fenster schieben und um ein Ticket nach Shanghai bitten, da rattert das Gitter herunter. *Xiūxi xiūxi*! Pause. Pech gehabt. Gegen *xiūxi* kommt niemand an. Die Stirn der Fahrkartenverkäuferin sinkt auf die verschränkten Arme und kein Gebrüll, keine schmeichelnden Worte können sie bewegen, die Arbeit noch einmal für eine klitzekleine Sekunde aufzunehmen, bevor die Pause (deren Dauer in direktem Zusammenhang mit der Nachtschlafqualität der Pausierenden zusammenhängt) angetreten wird. Wahrscheinlich liegt es nicht daran, dass die Schalterfrau ein hartes Herz hat, sondern einfach nur an der unglaublichen Schlaffertigkeit der Chinesen,

die in den unmöglichsten Positionen zu einem spontanen Nickerchen zusammensacken können. Besonders eindrucksvoll ist dies im Bus zu beobachten: Passagiere mit Fahrpraxis nutzen die Fliehkraft der Anfahrt, um den Kopf in den Nacken zu werfen und gleichzeitig mit leicht geöffnetem Mund ins Reich der Träume zu entrücken. Bremst der Bus, katapultiert der Schwung den Kopf wieder in die korrekte Position und der Fahrgast weilt wieder unter den Wachen, als habe er keine einzige Sekunde geschlafen. Da sich am Schalter mangels Bewegung jedoch kein automatisches Ende ergibt, lohnt es sich meist nicht, das Ende der *xiūxi* -Pause abzuwarten.

Rè'nào 热闹

Ob das eine gute Party wird? Soll ich wirklich zu diesem Volksfest gehen? Wer solche Fragen stellt, bekommt in China mit Sicherheit das beruhigende Versprechen: »Komm mit, das wird super, so richtig *rè'nào*.«

Wörtlich übersetzt heißt *rè'nào* »heiß und laut«. Nach westlichem Standard übersetzt und unseren Empfindungsskalen angepasst bedeutet es jedoch: Rappelvoll und infernalisch laut.

China ist ohnehin kein leises Land: In den meisten Restaurants tut man gut daran, Lippen lesen zu können, der Straßenverkehr ist eine Kakophonie aus Klingeln, Hupen, Trillerpfeifen, Rufen und piepsenden Ampeln und die zwei Chinesen, die sich im Park leise unterhalten, sind garantiert Japaner. Akustische Wahrnehmungen werden nicht selektiv, sondern additiv gehandhabt: Wenn der Lärm des Nachbarn stört, dann dreht man die Musik einfach ein bisschen mehr auf. Klingelt dann noch das Telefon, heißt es eben brüllen.

Auch mit Menschenmengen hat man in China kein Problem. Etwas überspitzt formuliert könnte man die Lage so erklären: Die Überlegung, an einem sonnigen Sonntag einen Biergarten zu besuchen, verwirft der Deutsche mit dem Gedanken: »Ach ne, heute gehen ja bestimmt alle«, während der Chinese sich freut: »Gute Idee, heute gehen ja alle«. Wird

Ihnen eine Veranstaltung als besonders *rè'nào* angepriesen, dürfen Sie davon ausgehen, dass Sie einen verlässlichen Kulturschockauslöser vor sich haben.

Hello!

Es ist gar nicht so lange her, da war der Anblick eines westlichen Ausländers in China so spektakulär, dass man auf der Straße stehen blieb und den Unterkiefer im freien Fall baumeln ließ. Sogar Pekinger und Shanghaier taten dies noch Ende der 1980er sehr überzeugend. Heute wünschen sich manche Westler diese Zeiten ganz arg zurück. Anstelle der untertassengroßen, staunenden Augen ist das *Hello!* getreten. Überall schallt es dem Ausländer entgegen: Abends am Shanghaier Bund genauso wie in den Seitengassen der Kleinstädte oder auf dem Markt von Guangzhou. Dieser forsche Kontaktversuch ist natürlich überhaupt nicht böse gemeint, sondern entspricht eher dem »miez miez miez«, mit dem man sonst Katzen anlockt. Ob der Ausländer wohl reagiert? Was er wohl sagen wird? Gelingt ein rudimentärer Verbalaustausch, folgt mit hoher Sicherheit ein: »May I take your picture?«

Wirklich nette Menschen stellen sich dann brav mit den fünf Näherinnen aus der Wirtschaftssonderzone Shenzhen vor der abendlichen Skyline Shanghais für ein Abschlussfoto auf. Mit Victoryzeichen. Alternativ sind ausländische Fotofreunde auch bei richtig coolen Jugendlichen vom Lande beliebt, die bei der Rückkehr aus Shanghai den Beweis vorlegen können: Ich war nicht nur in der Stadt, ich habe sogar einen echten AUSLÄNDER kennengelernt. Da es lediglich um das Foto geht, kann man sich hier die Gesprächsphase auch sparen.

Chūnjié 春节

Um es gleich zu sagen: Das chinesische Neujahrsfest, unter Eingeweihten als *Chūnjié* oder Frühlingsfest bekannt, ist nicht nur das wichtigste Fest in China, es ist auch eine Mischung aus Großmanöver und Völkerwanderung.

Der Grund ist einfach: Wenn an *Chūnjié* das neue Mondjahr beginnt, heißt es die Dämonen vertreiben, damit das Glück einziehen kann. Wie in vielen anderen Kulturen erledigt man dies am besten mit dem Getöse eines ordentlichen Feuerwerks.

Lange Jahre war dies in China verboten. Wohl auch, weil man damit nicht nur die bösen Geister verjagen, sondern auch prima ganze Stadtviertel abfackeln kann, wie der Großbrand am CCTV-Tower Peking 2009 bewies. Erst seit 2005 dürfen die Chinesen es an *Chūnjié* wieder so richtig krachen lassen. Um sicherzugehen, dass dabei kein einziger Dämon übersehen wird (und weil es wahrscheinlich Spaß macht, derart große Böller zu bauen, dass den Nachbarn die Scheiben platzen) zieht sich dieses ohrenbetäubende Spektakel über zwei Wochen hin.

Wenn die Chinesen an *Chūnjié* gerade nicht dabei sind, mit kindskopfgroßen Böllern ihren Stadtteil wegzusprengen, dann stehen Familienbesuche auf dem Plan, denn eigentlich ist chinesisches Neujahr ein Familienfest. Weil nun aber alle 1,3 Milliarden Chinesen Familie haben, jedoch nicht alle Familienmitglieder im selben Ort wohnen, machen sich jedes Jahr rund 500 Millionen Menschen auf den Weg nach Hause. Gleichzeitig. Mit Sack und Pack, Geschenken, und manchmal sogar mit den kompletten Habseligkeiten. An diesem Tag wird auch klar, warum man in chinesischen Bahnhöfen meist nicht auf dem Bahnsteig warten darf, sondern die Menschen in langen Schlangen auf dem Bahnhofsvorplatz anstehen müssen. Neben dem unfassbaren Gedränge, das zwangsläufig entsteht, wenn Tausende von Reisenden an der Platzkarte sparen, liegt es auch daran, dass jedes Gepäckstück einzeln durchleuchtet werden muss. Manch ein Reisender trägt zu *Chūnjié* eine ganze Sprengladung selbst gebastelter Feuerwerkskörper mit sich, die, betrachtet man die allgemeine Liebe zur Zigarette, in einem gut gefüllten Zug zu internationalen Schlagzeilen reichen würden. Hat sich auch nach einigen Wochen

China-Aufenthalts noch kein Kulturschock eingestellt, lässt sich dies prima bei einer Reise an *Chūnjié* nachholen.

Méiyǔ 梅雨

Méiyǔ, Pflaumenregen, das klingt nach süßen Früchten und Sommer, irgendwie malerisch und sehr chinesisch. Auf all jene, die Südchina zwischen Mitte Mai und Ende Juni besuchen, wartet daher eine echte Überraschung: Das Wort »Regen« erfasst das Phänomen nicht im Mindesten: Innerhalb weniger Stunden können schon mal 200 mm Regen herunterprasseln, 1999 wurden in Shanghai sogar 800 mm gemessen – das ist mehr Regen, als Frankfurt innerhalb eines ganzen Jahres vorzuweisen hat.

Es sei dem unwissenden Ausländer daher auch verziehen, wenn er den Begriff »Pflaumenregen« auf die Größe der Regentropfen zurückführt und nicht auf die zeitgleiche Pflaumenreife. Interessant sind auch die Folgen: Bis heute versinken die Städte Südchinas während des Pflaumenregens hüfthoch im Wasser, während die Luftfeuchtigkeit schier greifbar wird. Wehe dem, der dann keine Klimaanlage mit Entfeuchter sein Eigen nennt! Innerhalb von Stunden sind Schuhe, Kleider, Teppiche und Wände von einer feinen Schimmelschicht überzogen. Die Ursache dieses Phänomens ist übrigens der Wechsel zwischen Nordostmonsun und Südwestmonsun. Zwischen Ende Mai und Ende Juni treffen kalte Luftmassen aus dem Norden auf wärmere Luftmassen aus dem Süden und erzeugen so stabile Fronten über Südchina, aus denen der »Pflaumenregen« fällt.

Am Südufer des Yangzi 长江的南岸

Unschuldige Sätze wie: »Das Hotel liegt am Südufer des Yangzi« oder gar »südlich des Yangzi« bekommen im Winter eine ganz eigene Bedeutung. Traditionell sind Kohleöfen südlich des Yangzi verboten. Konkret bedeutet dies beispielsweise, dass die Nanjinger, die am Nordufer des Yangzi wohnen, im Winter gemütlich vor dem Feuer sitzen, während sich die Nanjinger am Südufer zähneklappernd und mit drei Lagen wattierter Jacken und zwei langen Unterhosen bekleidet jedes Jahr einen abfrieren. Dummerweise fällt das Thermometer nämlich auch südlich des Yangzi im Winter oft unter den Gefrierpunkt. Selbst das subtropische Guilin erlebt hier und da Schneefall! Obwohl es mittlerweile wahrlich genug Alternativen zum Kohleofen gibt, zeigt sich China in Sachen Heizung konservativ: Bis auf wenige verwegene Gestalten, die sich eine Klimaanlage mit Heizfunktion oder einen Radiator leisten, bleiben die Wohnungen, Büros und Restaurants südlich des Yangzi kalt. Und, ach ja: Die Hotels natürlich auch.

Kōngtiáo 空调

»Cool« sein nimmt in China oft sprichwörtliche Dimensionen an: Wer Geld hat, verfügt selbstverständlich über eine Klimaanlage. Kaum eine Erfindung des 20. Jahrhunderts wurde in China mit solch einer Begeisterung aufgenommen, wie die Klimaanlage. Rund 50 Millionen Geräte wurden allein 2010 verkauft! Kein Wunder, zeichnet sich doch ein großer Teil Chinas durch extrem heiße Temperaturen und oft auch extreme Feuchtigkeit aus. Es ist daher geradezu eine Frage des Prestiges, den Laden oder das Restaurant (gefühlt) auf den Gefrierpunkt herunterzukühlen. Oder wenigstens auf 17 Grad, realistisch gemessen. Für uns Memmen aus Europa bedeutet dies vor allem eines: Es ist immer wieder überraschend, wie schnell man sich auch bei 35 °C Außentemperatur eine saftige Erkältung zuziehen kann!

Dummerweise beschränken sich die Folgen der »Aircons« nicht auf das Innenraumklima. Manch ein Ausländer stellt nach einem längeren Shanghai-Spaziergang fest, dass der erfrischende Nieselregen (komisch, der Himmel ist doch blau?) direkt aus den vor nahezu jedem Fenster angebrachten Klimaanlagen stammt.

动物

DAS TIER – EIN BEWEGLICHES DING

Hunde auf und am Teller

Peking liegt auf dem Trockenen

Schon das chinesische Wort für »Tiere« verrät im Grunde alles Wichtige, was man zu diesem Thema wissen muss: *Dòngwù* 动物 heißen sie auf Mandarin, was sich wortwörtlich mit »bewegliches Ding« übersetzen lässt. Und genauso werden Tiere in China auch behandelt.

Der Besuch eines ganz normalen chinesischen Marktes lässt jedem Tierfreund (und allen anderen Westlern auch) das Blut in den Adern gefrieren. Mit einem Schlag möchte man all die Katzen, Hunde und Enten freikaufen, die einem elend aus den Käfigen entgegenblicken und ihre juckenden, kahlen Stellen im Fell oder Gefieder an den Gitterstäben reiben. Bemerkenswert ist hier jedoch nicht nur der bedauernswerte Zustand der Tiere an sich, sondern auch mit welch einer Gleichgültigkeit Tiere völlig unnötig gequält werden. Interessant wäre es, den Aspekt Tierschutz einmal an einem der Marktstände anzusprechen. Mit hoher Wahrscheinlichkeit würde das Gespräch nicht an sprachlichen Fragen scheitern, sondern an einer immensen kulturellen Lücke. Chinesen auf die miserablen Lebensbedingungen von Schlachttieren aufmerksam zu machen, ist ungefähr so erfolgversprechend, als wolle man in Deutschland eine Floristin davon überzeugen, dass auch Blumen sehr wohl Gefühle haben und in Angst vor der Gartenschere leben.

Verstehen Sie mich nicht falsch: Ich bin keine Veganerin, esse gerne und regelmäßig Fleisch und blende die Infos zur Massentierhaltung in Europa meist einfach aus. Dummerweise will dies in China nicht so recht gelingen. In gewisser Weise geht man dort weitaus ehrlicher mit den unappetitlichen Seiten der Tierhaltung um: Es gibt ja keinen Grund, die Fakten zu verstecken!

Chinesen sehen Tierschutzfragen erheblich unemotionaler. Die Tiere landen doch sowieso auf dem Teller – wozu dann die Aufregung? Auch das fast schon ein wenig verlogene Bestreben, Schlachttieren ein artgerechtes oder gar »schönes« Leben zu ermöglichen, ruft auf chinesischer Seite bestenfalls einen Lachanfall hervor. Nicht ganz ohne Grund. Es ist nämlich gar nicht so lange her, da führte manch ein Bauer selbst noch ein Leben, dass es der deutschen Schlachtsau gegraust hätte.

Da wundert es nicht, dass es bisher in China kein Tierschutzgesetz gibt. Seit 2009 wird zwar darüber beraten, geschehen ist bisher jedoch nicht viel.

Sollte sich in den nächsten Jahren in Sachen Tierschutz doch noch etwas bewegen, dann sind nicht die Gesetzgeber sondern Bello, Fifi und Blacky dafür verantwortlich. Dieselben Menschen, die völlig ungerührt neben den geschundenen Kreaturen auf dem Markt stehen, haben zu Hause die Liebe zum Hund entdeckt. In der neuen Mittelschicht ist es schick, sich einen Rassehund zu leisten: In modische Mäntelchen gehüllt und mit zartem Fleisch verwöhnt (um das sie manch ein Wanderarbeiter beneiden dürfte), gelten die Vierbeiner mit einem Male als Familienmitglieder. Dabei ist es keine 15 Jahre her, dass die Hundehaltung in den Städten überhaupt erst erlaubt wurde. Mittlerweile sind es so viele, dass einige Städte eine Ein-Hund-Regel erlassen haben. Allein in Peking und

Shanghai dürften jeweils zwischen einer halben und einer ganzen Million Hunde leben. Kurz und knapp lässt sich die Haltung so zusammenfassen: Tiere sind mir egal, solange sie gut schmecken – nur Fifi nicht.

Irgendwie ist die Haltung gegenüber Tieren ziemlich repräsentativ für das gesamte Verhältnis zur Natur: Sie ist da, und manchmal auch »schön«, so wie das landesweit berühmte Gebirge des Huangshan, in der Regel wird sie jedoch völlig ignoriert. Dabei spielt die Natur in der chinesischen Philosophie eigentlich eine große Rolle. Gerade der Daoismus verklärt das Ideal des Natürlichen und lehnt es ab, in die Natur einzugreifen.

Doch bedauerlicherweise besinnen sich die Chinesen zwar im Straßenverkehr jeden Tag aufs Neue auf den Daoismus mit seinem anarchisch-chaotischen Grundprinzip, nicht aber beim Spaziergang im Park oder beim Anblick einer wundervollen Landschaft. In Scharen pilgern die Menschen auf den Huangshan-Berg, um einen der angeblich spektakulären Sonnenaufgänge zu erleben – und hinterlassen in der betörend schönen Landschaft Berge von Plastikmüll. Nonchalant werfen die Gruppen Verpackung, leere Dosen und was ihnen sonst noch so lästig ist einfach ins Gebüsch. Sollte sich dies mysteriöserweise geändert haben, gibt es nur zwei Erklärungen: Entweder war gerade ein Reinigungstrupp da oder die sinnlose Sauerei ist mittlerweile unter heftige Strafe gestellt worden.

Ansonsten flattern selbst in Landschaftsschutzgebieten in den Baumwipfeln lustig die dünnen Plastiktüten im Winde (die im Übrigen seit 2010 eigentlich verboten sind), sind die Wege gesäumt von leeren Getränkedosen, Süßigkeitenpapierchen und allerhand anderem Plastikmüll, an dem noch viele Generationen ihren Spaß haben werden. Von einer dünnen Schicht Intellektueller und Naturschützer einmal abgesehen, ist der Gedanke des Umweltschutzes in China noch nicht weit vorgedrungen.

Wirklich Grund zum Nachdenken oder gar Handeln gibt es erst dann, wenn man

a) vor Smog die Hand vor Augen nicht mehr erkennen kann.
b) mit dem unangenehmen Gefühl aufwacht, in einer vollen Parkgarage übernachtet zu haben.
c) wenn ganze Seen kippen und Millionen von Menschen mit einem Male ohne Trinkwasser dastehen.

Letzteres geschah beispielsweise 2007 in der Region Jiangsu: Der Taihu ist mit 2250 Quadratkilometern der drittgrößte Süßwassersee Chinas – und er liefert das Trinkwasser für die boomende Region vor den Toren Shanghais. Dennoch leiten viele Fabriken ihre Abwässer ungeklärt ein, dazu kommen die Düngemittel und Pestizide der landwirtschaftlich intensiv genutzten Felder rund um den See. Als der Taihu im Sommer 2007 umkippte, waren rund 4,5 Millionen Menschen der Stadt Wuxi tagelang ohne Trinkwasser. Und dies ist kein Einzelfall: Nach offiziellen Daten des chinesischen Umweltministeriums hat ein Viertel aller Chinesen keinen Zugang zu sauberem Trinkwasser, zwei Drittel der Flüsse und sechs der neun größten Seen Chinas sind eigentlich nicht mehr für die menschliche Nutzung geeignet. Selbst eines der drei Trinkwasserreservoirs der Hauptstadt ist seit Kurzem nicht mehr brauchbar, weil das Sediment mit Industriegiften verseucht ist.

Um die Luftqualität ist es nicht besser bestellt: 16 der 20 Städte mit der weltweit schlechtesten Luftqualität liegen nach Statistiken der Weltbank in China. Rund ein Drittel Chinas ist von saurem Regen geplagt – und die Reihe der skandalösen Zahlen ließe sich beliebig weiterführen.

Die meisten Chinesen interessieren sich dennoch vor allem dann für die Umweltverschmutzung, wenn sie die Auswirkungen am eigenen Leibe zu spüren bekommen. Hinzu kommt eine kleine Schicht von Intellektuellen, die sich für ein größeres Bewusstsein in Umweltfragen engagieren. Zulauf dürften sie in den nächsten Jahren jedoch allemal bekommen, denn die Zahl der direkt Betroffenen wächst. Mittlerweile machen die unübersehbaren Umweltprobleme nicht mehr nur im Hinterland den Menschen zu schaffen, wo es meist Ungebildete und Arme und damit bedrückend einflusslose Menschen trifft, sondern auch in den Städten.

Gerade die städtische Mittelschicht ist nicht bereit, dies hinzunehmen. Was nicht einer gewissen Ironie entbehrt, ist es doch gerade die Mittelschicht, die mit dem Wunsch nach einem gediegenen Lebensstandard, sprich nach einem Auto, einer Klimaanlage, Heizung, warmem Wasser, Strom rund um die Uhr und vielen anderen Annehmlichkeiten (also kurzum einem Lebensstandard, der dem des Westens entspricht) zu den Auslösern der beschriebenen Umweltprobleme gehört: Gerade die Mitglieder der Mittel- und Oberschicht verbrauchen ungleich mehr Energie als jeder Bauer auf dem Lande und produzieren Berge von Verpackungsmüll.

Da wirkt die Vorhersage, eine weitere halbe Milliarde Menschen könnte in den nächsten Jahren den Schritt in die Mittelschicht schaffen und ebenfalls einen angenehmen Lebensstandard verlangen, ziemlich furchterregend. Auch in China.

Man muss dazusagen: Auf dem Papier sieht die Situation eigentlich gar nicht so schlecht aus. Theoretisch hat die Regierung durchaus erkannt, dass die langfristigen Folgen der Umweltverschmutzung das Wirtschaftswachstum wieder zunichtemachen könnten. Laut Weltbank entsprechen die Folgen der Umweltverschmutzung derzeit ungefähr dem durchschnittlichen jährlichen Wirtschaftswachstum. Die Schätzungen des chinesischen Umweltministeriums sind zwar weitaus zahmer (und basieren leider auch auf erheblich älteren Daten), belaufen sich aber auch auf rund 511 Milliarden RMB (51 Milliarden Euro).

Um dem Missstand Einhalt zu gebieten, wurde in den letzten Jahren eine ganze Reihe von modernen Umweltgesetzen verabschiedet. Dumm ist, dass sich niemand daran hält. Vor allem die Industrie der abgelegenen Provinzen nicht. Hier schert sich erst einmal niemand um die Vorgaben aus Peking, solange an den richtigen Stellen und ausreichend geschmiert wird und die Auswirkungen nicht so deutlich sind, dass sie es bis in die nationale Presse schaffen. Wie der Fall des »Krebsdorfs« Wuli am Qiantang-Fluss in der Provinz Zhejiang, wo aufgrund der Abwässer der 26 Chemiefabriken am Fluss mehr als tausend Dorfbewohner an Krebs erkrankten oder die traurige Geschichte des Dorfes Huangmengying in Henan, wo die Auswirkungen der Umweltverschmutzung durch verschiedene Fabriken von Krebs bis zu Erblinden und Ertauben reicht. Und dies sind nur zwei willkürlich ausgesuchte Fälle von vielen, die sich makaber unter dem Titel »Produzieren, bis der Arzt kommt« auflisten ließen.

Andere wiederum fliegen auf, weil sie es selbst nach chinesischen Maßstäben zu bunt treiben: Als eine Schmelzhütte am Beijiang-Fluss das Gewässer 2005 wissentlich mit enormen Mengen kadmiumhaltigen Abwassers verseuchte und daraufhin die Stadt Yingde von der Wasserversorgung getrennt werden musste, konnte die Regierung dann doch nicht mehr einfach wegschauen.

Kein Wunder, dass sich der Unmut der Betroffenen hin und wieder auch in gewalttätigen Protesten entlädt. Auch aus diesem Grunde sind Umweltaktivisten nicht gerne gesehen: Sie stören die Geschäfte. Und machen nur allzu deutlich, dass die Regierung in Umweltfragen oft weitaus weniger Einfluss hat, als ihr lieb wäre.

Von staatlicher Seite kommen ohnehin durchaus gemischte Signale. Die Regierung verabschiedet nämlich nicht nur sinnvolle Gesetze, sondern brütet hier und da so hanebüchen skurrile und in ihren Folgen unüberschaubare Projekte wie das South-North Water Transfer Project aus. Angesichts der lang anhaltenden und lauten internationalen Proteste gegen den Dreischluchtenstaudamm ist es verwunderlich, wie dieses Projekt im Westen von den Medien so übersehen werden konnte. Vielleicht, weil kaum Informationen darüber verfügbar sind?

Grob gesprochen geht es dabei darum, den Norden Chinas mit seinen Millionenstädten Peking und Tianjin samt Umland mit Wasser zu versorgen. So trocken ist der Norden, dass nicht nur der Grundwasserspiegel alarmierend sinkt (Schätzungen gehen von 1,5 Metern pro Jahr aus), sondern auch der Gelbe Fluss immer wieder versickert, bevor er die Mündung ins Gelbe Meer erreicht. Findige Ingenieure brachte dies auf eine interessante Idee: Chinas Süden ist mit Regen und Seen gesegnet – er verfügt immerhin über 80 Prozent der Wasserressourcen. Könnte man da nicht ...? Man kann. Und wird. Derartige Überlegungen gab es schon zu Mao Zedongs Zeiten, unter dem Druck des sinkenden Grundwasserspiegels wurde das Projekt im Jahr 2002 vom Staatsrat abgesegnet.

Via drei »Trassen« wollen die Planer in den nächsten Jahrzehnten Wasser aus dem Yangzi-Einzugsgebiet nach Norden umleiten. Immerhin 44,8 Milliarden Kubikmeter sollen es bis 2050 werden, ein Projekt, für das gut 46 Milliarden Euro veranschlagt wurden. Zum einen wird nun daran gearbeitet, im Osten Chinas eine Strecke entlang des Kaiserkanals auszuheben. In Mittelchina soll eine weitere gemischte Strecke aus Aquädukten und Kanälen entstehen, die am Reservoir des Danjiangkou-Damms den Han-Fluss in der Provinz Hubei in Richtung Peking anzapft. Im Hochgebirge des Qinghai-Tibet-Plateaus schließlich ist die »Nord-Variante« geplant, die Wasser der Yangzi-Quelle in das Quellgebiet des Gelben Flusses umleitet.

Wer glaubt, dies sei eine irre Idee, darf den Atem anhalten: Mit dem South-North Water Transfer Project auf den Geschmack gekommen, ist der nächste gigantische Plan schon in der Diskussion. Könnte man denn nicht auch den trockenen Westen mit Salzwasser aus dem Gelben Meer versorgen?

Im Rahmen des Projekts »Moving Seawater West; Bringing Bohai to Xinjiang« soll Meerwasser aus der Bohai-Bucht auf

1200 Meter Höhe gebracht werden, per Schwerkraft und Plastikrohre bis zum Huangqihai-See und dann bei Yumen (Gansu) in den Shulei River geleitet werden und von dort aus in den Lop-Nor-See im Tarim Becken fließen.

Die damit entstehenden Salzwasserseen sollen nicht nur die Ausbreitung der Wüste verhindern, sondern auch durch großflächige Verdunstung das Klima positiv beeinflussen und für Regen sorgen.

Auch hier wären die Kosten kein Pappenstiel: Erste Schätzungen belaufen sich auf rund 6,28 Milliarden Euro.

Für die Pekinger könnte dies trotzdem ein lohnendes Geschäft werden, denn solange kein Wasser in die Wüste kommt, kommt die Wüste regelmäßig nach Peking. In Form von gigantischen Staubstürmen, die die Hauptstadt in eine gelbe Decke aus Lössstaub hüllen – so gingen allein in einer Nacht im April 2006 rund 300 000 Tonnen Sand auf Peking nieder.

关系

IM NETZ DER GUANXI

Compliance-Albtraum Guanxi

Die Visitenkarte als Daseinsberechtigung

Eine meiner Lieblingsgeschichten aus der Welt der deutsch-chinesischen Wirtschaft geht so: Herr Mayer, der als Angestellter einer größeren deutschen Firma öfters in China unterwegs ist, soll sein Unternehmen in Shanghai zusammen mit einem Kollegen einem potenziellen Kooperationspartner vorstellen. Selbstverständlich kommen die beiden in einem internationalen Vier-Sterne-Hotel unter und genehmigen sich dort nach der langen Anreise noch einen schnellen Absacker an der Hotelbar, bevor sie sich aufs Zimmer verabschieden. So weit, so unspektakulär.

Spannend wird es jedoch am nächsten Morgen: Ohne mit der Wimper zu zucken führt die chinesische Abordnung eine Präsentation vor, die die beiden Deutschen nur zu gut kennen. Es ist ihre eigene, original, inklusive Rechtschreibfehlern. Offensichtlich hatte man sie am Vorabend blitzschnell kopiert, während die beiden Deutschen an der Bar saßen.

Herr Mayer heißt übrigens in der Realität anders, der Rest der Geschichte ist jedoch erstaunlicherweise komplett wahr.

Falls Sie nun auf die Lehre aus dieser Geschichte warten: Es gibt keine. Außer vielleicht dem nicht gerade originellen Tipp, in China immer gut auf potenzielle Wirtschaftsspione zu achten. Der tiefere Sinn dieser Übung jedoch erschloss sich weder Herrn Mayer noch seinem Kollegen. Welchen Vorteil versprach sich die chinesische Firma davon, den Deutschen so offensichtlich vorzuführen, dass es ihnen gelungen war, innerhalb kürzester Zeit eine Präsentation zu klauen, die man ihnen sowieso zwölf Stunden später offiziell vorgeführt hätte? Unnötig zu sagen, dass die chinesische Seite alle Vorwürfe geradezu beleidigt von sich wies (WIR? KOPIEREN? Ach, woher denn!) und dieses Treffen nicht in eine harmonische Zusammenarbeit mündete.

Ein Einzelfall ist dies allerdings nicht: Längst geht es bei der Wirtschaftsspionage nicht mehr nur um Baupläne für neue Modelle oder Produktionsanlagen, sondern auch um Verkaufsstatistiken, Kundenlisten, Marktstrategien, Preise und Vertriebswege. Für alle, die sich in China engagieren, hält das Bundesamt für Verfassungsschutz sogar eine dicke Broschüre mit dem Titel »Spionageabwehr – Bedrohung der deutschen Wirtschaft durch chinesische Wirtschaftsspionage« bereit.

Naturgemäß lässt sich der Schaden, der durch Wirtschaftsspionage entsteht, kaum beziffern: Die Betroffenen merken ja oft gar nicht, dass ihre Daten kopiert wurden. Zum anderen scheuen viele Firmen den Imageverlust, der mit dem öffentlichen Eingeständnis einhergeht, auf der China-Reise ausspioniert worden zu sein. Auch ist es schwierig, sich davor zu schützen. Nicht zuletzt, weil in China (und vielen anderen Ländern der Welt) die Nutzung von Verschlüsselungstechnik genehmigungspflichtig ist. Oder deutlicher gesagt: Es kann sogar passieren, dass die verschlüsselte Festplatte bei der Einreise konfisziert wird.

So ein schönes Intro wie das der konfiszierten Festplatte bekommen allerdings die wenigsten Reisenden. Für die meisten europäischen Geschäftsleute tauchen die Schwierigkeiten erst ein wenig später auf. Zum Beispiel, wenn sie sich im Netz der *guānxì* verheddern. Gemeint ist das komplizierte Netzwerk an gegenseitigen Verpflichtungen und Verbindungen, ohne das sich in China keine Geschäfte tätigen lassen. Wer in China mitspielen will, muss Zeit für den Aufbau von Guanxi mitbringen. Und natürlich, zum Einstieg, eine möglichst imposante Visitenkarte. Ein Mensch ohne Visitenkarte ist wie ... sagen wir es so: Er ist nicht. Punkt. Wer nicht einmal eine Visitenkarte hat, fliegt quasi unter dem Radar all jener, die so wichtig sind, dass sie ganz sicher immer eine dabeihaben. Die Funktionen der Visitenkarte sind vielfältig. Sie hilft nicht nur, Namen und Adresse zu memorisieren, sie ist auch eine ein Art Bauanleitung für den Aufbau sozialer Beziehungen. Wer wie viel Ehrfurcht vor wem aufbringen muss, entnimmt man beim ersten Treffen nämlich den Titeln, die dementsprechend blumig, zahlreich und prominent vermerkt sind. Nebensächlichkeiten wie Rechtschreibung oder Relevanz der Funktion (sind Titel wie »Heed of Flower exibition of Xiling village« oder – ein echter Favorit – »Membr of Ortograpy Association Gansu« nicht irgendwie richtig putzig?) muss man dabei nicht mehr beachten. Die kleinen Kärtchen werden deshalb auch noch mit beiden Händen verteilt, wenn man bereits weiß, dass sie vor Fehlern nur so strotzen. Einen intensiven Blick sind sie allemal wert. Dies gebietet nicht nur die Höflichkeit, nein, manchmal sind auch echte Juwelen für die Sammlung darunter: So nenne ich bereits drei Varianten von »Bruce Lee« mein Eigen. Leider ist keiner davon der Echte.

Bruce Lee oder nicht, sicher ist, chinesische Businessleute sind für gemeinsame Geschäfte nicht zu haben, solange sich niemand vor Ort findet, der den Ausländer in die Gesellschaft jener Wirtschaftler einführt. Nur über Mittelsmänner, gemeinsame Bekannte oder wenigstens einen gemeinsamen Karaokeabend lässt sich die Guanxi-Beziehung herstellen. Bis es zu den ersten Geschäften kommt, heißt es daher fleißig Restaurants besuchen, Lieder trillern und vor allem einladen. Teuer und oft. Kein Wunder, dass sich Guanxi oft als der absolute Compliance-Albtraum europäischer Firmen herausstellt, denn dummerweise kippt die Guanxi-Pflege gerne nahtlos über in die Korruption. Wo bitte ist die Grenze zwischen freundlichen Gefälligkeiten und gekauften Vorteilen? Gehört das dicke Geschäftsessen schon dazu? Oder der Empfehlungsbrief, der der Tochter eines wichtigen Geschäftspartners den Weg in ein europäisches Internat ebnet? Wie teuer dürfen Geschenke sein?

Im Ranking der internationalen Antikorruptionsvereinigung *Transparency International* liegt China im Jahr 2011 auf Rang 75 von 182 Ländern und damit auf Augenhöhe mit Gambia, Tunesien und Brasilien. Die vorbildlichen Spitzenplätze belegen Neuseeland und die Länder Skandinaviens, Deutschland liegt auf Platz 14. Die Ausrede, Korruption sei ein für die chinesische Zivilisation typisches Problem, sei an dieser Stelle gleich ausgeräumt: Singapur, das kulturell größtenteils chinesisch geprägt ist, steht an Nummer 5 und gehört damit zu den fast korruptionsfreien Ländern der Welt. Auch Taiwan steht dank intensiver Antikorruptionskampagnen immerhin schon auf Rang 32.

Um nur einen klitzekleinen Einblick in die Summen zu werfen, die man in China mit Korruption verdienen kann: Zu den bekanntesten, aber wahrlich nicht einzigen großen Fällen aus der Welt der Wirtschaft zählt beispielsweise der frühere Vorsitzende des Ölgiganten *Sinopec*, Chen Tonghai, der 2009 zum Tode verurteilt wurde, weil er rund 20 Millionen Euro Bestechungsgelder angenommen hatte (illustrerweise hatte er Teile des Geldes in der Toilettenspülung und am Boden seines Aquariums versteckt – schon allein für diese Bond-Methoden muss man ihn mögen). Im Vergleich zu Kang Rixin, dem ehemaligen Leiter der *China National Nuclear Corporation*, ist er jedoch ein kleiner Fisch: Kang häufte immerhin umgerechnet 192 Millionen Euro Schmiergelder bei der Vergabe von Bauaufträgen für Atomkraftwerke an. Ähnlich hohe Summen gehen jedes Jahr auch in Verwaltung und Regierung über den Tisch. Besonders lokale hochrangige Funktionäre scheinen anfällig für Korruption, wie der Fall des gestürzten Chongqinger Parteivorsitzenden Bo Xilai im Jahr 2012 zeigt. Manche der Täter sitzen sogar quasi an der Quelle: So wurde im Januar 2010 der Vizepräsident des Obersten Gerichts zu lebenslanger Haft verurteilt, weil er rund 400 000 Euro angenommen hatte. Alles in allem sollen sich die in der Korruption und Steuerhinterziehung umgeschlagenen Summen pro Jahr auf rund 15 Prozent der chinesischen Wirtschaftsleistung belaufen.

Doch dies ist nicht der einzige Stolperdraht. Wer nicht an den Korruptionspraktiken und Guanxi-Netzen scheitert, der beißt sich wahrscheinlich die Zähne an den chinesischen Verhandlungsmethoden aus.

Schon der Aufbau eines Sondierungsgesprächs ist für westliche Teilnehmer oft sehr, sehr langwierig. In China wird erst lange erklärt und dann ein Vorschlag unterbreitet. Überhaupt ist der Faktor Zeit in China anders gewichtet. Während die Europäer nervös auf den Stühlen rutschen – Zeit ist Geld! – und sich vor Ungeduld schier den Hosenboden durchwetzen, haben es Chinesen kein bisschen eilig. Und sei es, um dem Westler zuzusehen, wie er nach und nach die Nerven verliert. Oder sich daran gewöhnt. Dann wechseln die chinesischen Verhandlungsführer scheinbar ohne Grund in den Panik-Modus. Nun muss alles ganz schnell gehen, weil sich eine Gelegenheit bietet, die man unbedingt jetzt sofort ergreifen muss, ohne lange zu fackeln. Oder nach den genauen Konditionen zu fragen. Auch emotional sind diese extremem Wechsel ein beliebtes Mittel: Zwischen Begeisterung und Entsetzen liegen nur wenige Sekunden. Geradezu beleidigt reagiert man in China beispielsweise, wenn es darum geht, Dinge rechtlich abzusichern. Voller Empörung zieht der chinesische Geschäftsmann die Stirn zusammen: Ob man ihm denn unlautere Absichten unterstellen wolle? Geradezu persönlich enttäuscht ist er! Mit einem Male finden die Gespräche nun auf einer persönlichen, emotionalen Ebene statt, in der alle Skepsis tiefe Wunden hinterlässt.

Unterdessen wird der Westler natürlich niemals aus den Augen gelassen. Zeit zum Nachdenken oder gar zur Erholung bleibt zwischen langen Verhandlungen, Abendveranstaltungen und nächtlichen Trinkgelagen sowieso nicht, zumal auch der Jetlag Spuren hinterlässt.

Scheint das Gespräch auf dem richtigen Weg, eine Einigung geradezu in Sicht, kommt der nächste Coup: Überraschung! Der Gesprächspartner entscheidet gar nicht selbst! »Vielen Dank für das Gespräch, ich werde die Ideen meinem Vorgesetzten vortragen« ist eine echte kalte Dusche.

Alternativ kommt auch die Kunst des *liǎng shǒu zhǔnbèi* zum Einsatz: Die »Doppeltaktik-Vorbereitung« bedeutet, dass selbstverständlich bis ins Endstadium aller Verhandlungen, bei denen es nach deutschem Empfinden nicht mehr um die Sache selbst geht, sondern nur noch um kleine Details der Zusammenarbeit, parallel auch Gespräche mit dem Konkurrenten stattfinden. Liegt das finale Angebot vor, scheint das Geschäft bereits beschlossene Sache, zaubern die chinesischen Verhandler noch schnell ein Konkurrenzangebot aus dem Ärmel, das natürlich in vielen diskutablen Punkten günstiger erscheint.

Überhaupt ist die Unsitte des Nachverhandelns in China gang und gäbe: Fünf Minuten vor der finalen Unterschrift stehen die »kleinen Nachbesserungen« an: Wie wäre es mit einer Schulung der chinesischen Führungskräfte in Deutschland (sprich: eine zweiwöchige Sightseeingtour durch Europa mit zwei thematischen Vorträgen, die alle Teilnehmer verschlafen)? Oder vielleicht doch noch einem klitzekleinen Nachlass?

Es heißt, Chinesen würden ihr Vertrauen nur in zwei Dinge setzen: ihre Familie und ihr Bankkonto. Erstaunlich viele ausländische Geschäftsleute wissen, warum.

中国工业世界

BUREAU À LA CHINOISE

Chinesische Streitkultur

Corporate Identity im Bordell

Im Grunde genommen sind die sozialen Regeln in der chinesischen Bürowelt ganz einfach:

1. Der Chef entscheidet alles.
2. Die anderen entscheiden nichts.
3. Konflikte werden unter den Teppich gekehrt. So lange, bis sie wie eine Handgranate explodieren.
4. Dann darf man sich sogar Locher und Tacker an den Kopf schmeißen und herumbrüllen, bis die Scheiben platzen. Alle anderen drum herum arbeiten einfach weiter und tun so, als wäre die Welt in Ordnung. Der Vorgesetzte schließt sich so lange vorsichtshalber in seinem Büro ein oder hat einen spontanen aber extrem wichtigen Außer-Haus-Termin.

In Anbetracht solcher Szenen möchte man die These, China sei durch eine Konsenskultur gekennzeichnet, gelinde gesagt, ein kleines bisschen relativieren. Wie wäre es stattdessen mit »Explodierkultur«? Oder vielleicht »Wegschau-Kultur«? Wobei Letzteres den Sachverhalt auch nicht wirklich träfe. Denn sind die Streithähne erst außer Hörweite, muss der Vorfall aufs Genaueste und unter Berücksichtigung aller bisher bekannten dreckigen Details seziert werden. Das Vorurteil von den friedlichen Chinesen, die sich immer zusammenreißen und niemals auch nur den Ton erheben würden, hält sich in Deutschland natürlich trotzdem.

Eines Tages, als eine Kollegin von mir mit einem deutschen Busunternehmer die Touren der nächsten Wochen verhandelte, eskaliert am Nachbartisch der Streit zwischen zwei chinesischen Angestellten. Mit hochroten Gesichtern und überschlagender Stimme warfen sich die beiden alle genitalen und analen Flüche unter Einbezug diverser Familienangehöriger um die Ohren. Eine Zeit lang schaute der Busunternehmer fasziniert zu, bevor er sich kopfschüttelnd an meine Kollegin wandte: »Chinesisch ist schon eine seltsame Sprache ... das klingt immer so, als würden sich die Leute gerade fürchterlich streiten.«

Ein weiteres unbekanntes Merkmal der chinesischen Bürowelt ist die Zuständigkeitsphobie. Unter Angestellten gilt der Grundsatz: Bloß keine offizielle Verantwortung! Während sich deutsche Angestellte gerne damit brüsten, für den einen oder anderen Bereich ganz allein zuständig zu sein, und sich vor Befriedigung über dieses Faktum schier auf die Brust trommeln möchten, sind den meisten Chinesen nur wenig genaue Angaben zu entlocken: Sie sitzen grundsätzlich immer nur rein zufällig am Schreibtisch, der – oh, Überraschung! – in der Reklamationsabteilung steht. Ob sich daraus wohl ableiten lässt, dieser Angestellte wäre am Ende für just diesen Bereich zuständig? Ach was, wer so schnell aufgibt, der hat es nicht besser verdient, als dass man ihn mit Arbeit zuschüttet. Wehe, der ahnungslose Ausländer versucht in einer Behörde oder Firma den richtigen Ansprechpartner zu finden: »Ich weiß nicht, ich sortiere die Akten« oder »Ich helfe nur ein wenig aus« ist die vermeintlich schüchterne Antwort.

Diese Bescheidenheit mag dem Sprecher die Wichtigkeit und Bedeutung eines bestimmten Amtes verwehren, in der wir uns im Westen so gerne sonnen, hat jedoch gewisse Vorteile, die erst auf den zweiten Blick sichtbar werden. Zum einen lässt sich in diesem System der Verantwortungslosigkeit nahezu jede Aufgabe so lange weiterdelegieren, bis sie sich entweder von selbst erledigt hat oder von einer derartigen Brisanz ist, dass sie wirklich auf dem Schreibtisch des Vorgesetzten landen muss oder an demjenigen kleben bleibt, der sie gerade auf dem Schreibtisch hat. Viele chinesische Büroangestellte sind daher auch Meister im blitzschnellen »über den Zaun werfen«. Auch ermöglicht die vermeintliche Bedeutungslosigkeit dem Angestellten, jederzeit einen Urlaub anzutreten oder für drei Stunden in die Mittagspause zu verschwinden – wer wird denn schon einen so unwichtigen Menschen vermissen!

Ohnehin ist es schwierig nachzuvollziehen, wer gerade wo zu einem Auswärtstermin unterwegs ist. Interessanterweise leben chinesische Geschäftsleute in einem ständigen Spannungsfeld von langfristigen Planungszielen (Weltherrschaft, Marktmonopol, stinkreich werden) und der physischen Unmöglichkeit, irgendeinen Termin weiter als zwei Tage im Voraus zu planen.

Für europäische Kontaktpersonen ist es zuweilen verwunderlich, wie kurzfristig Einladungen für große Veranstaltungen ins Haus flattern. Freilich ist dies der reine Selbstschutz. Weil sich Chinesen hartnäckig weigern, einen Terminkalender zu pflegen oder die entsprechende Handyfunktion zu nutzen, sind langfristig anberaumte Termine sowieso für die Katz. Für uns Europäer besonders schmerzlich ist übrigens die Tatsache, dass es trotzdem klappt und man sich mit stets gezücktem Terminplaner auf Dauer ziemlich dämlich vorkommt. (Selbst im hocheffizienten aber eindeutig »chinesischen« Singapur heißt es bei längerfristigen Terminabsprachen: Kein Problem, ich habe Zeit – aber rufen Sie mich einen Tag vorher noch mal an, um den Termin zu bestätigen ...)

Die männlichen Meister der Disziplin »Arbeit weiterreichen und spurlos verschwinden für Fortgeschrittene« erkennt man übrigens am extrem langen Nagel des kleinen Fingers: Dies ist ein deutlicher Beweis, dass sein Träger niemals und zu keiner Zeit körperliche Arbeit verrichtet – logisch, sonst wäre er nämlich längst abgebrochen. Da wundert es wenig, dass das chinesische Heimwerkertum noch in den Kinderschuhen steckt und die Baumarktkette OBI sich 2005 nach fünf Jahren China-Engagement eilig wieder aus dem Land zurückzog. Außerdem hat körperliche Arbeit einen extrem schlechten Ruf. Der britische Konkurrent Kingfisher, der die OBI-Läden übernahm, plant nun ein eher chinesisches Konzept: Die Kunden können sich die Materialien fortan im Baumarkt aussuchen – und den passenden Handwerker gleich dazu. Der bastelt dann im Auftrag des verhinderten Heimwerkers: »Do it for me« anstatt »Do it yourself«.

Falls Sie sich jetzt insgeheim fragen, wie ich bitte den Bogen zurück zur Bürowelt kriegen will – ganz einfach. Die Angst vor körperlicher Arbeit macht sich auch massiv im Arbeitsalltag bemerkbar: Mal einen Papierkorb ausleeren? NIEMALS! Den Wasserkocher entkalken oder gar ein loses Regalbrett wieder befestigen? Lieber verzichtet die gesamte Belegschaft fortan auf Heißgetränke und stapelt die Ordner am Boden. Wahrscheinlich steckt nicht einmal böser Wille dahinter, sondern derselbe Grundgedanke, der mich beispielsweise davon abhält, schnell mal das Dach neu zu decken oder meine kaputte Armbanduhr zu reparieren: Ich käme einfach nicht darauf. Chinesische Büros wirken daher oft ein wenig so, als habe der letzte Inneneinrichter den Job mittendrin entnervt hingeschmissen und die Putzfrau gleich mitgenommen.

Ein weiteres wichtiges Merkmal einer chinesischen Firma ist: Egal, wo auf der Welt das Büro steht, es verwandelt sich mit dem Einzug der Belegschaft automatisch in chinesisches Territorium. Klingelte beispielsweise im Büro von Yong Travel[1] das Telefon, gingen oft die chinesischen Mitarbeiter an

---

[1] Name geändert.

den Apparat, wohl weil sie befürchteten, wir Deutschen könnten uns am Ende dumm anstellen und die chinesischen Kunden mit peinlichem Gestammel vergraulen (womit sie gar nicht so unrecht hatten – an einer schlechten Handyverbindung nach Kanton scheitern auch richtig gute Sinologen). Stellte sich der Anrufer jedoch als Nicht-Chinese heraus, wurde der Hörer dem erstbesten westlichen Gesicht herübergereicht: »Laowai!« – ist ein Ausländer ... also ein Deutscher. In Deutschland. Schon allein dafür muss man Chinesen einfach gern haben.

Leider gibt es noch andere Indizien, die die Exterritorialität chinesischer Büros im Ausland immer wieder schmerzhaft unterstreichen: Wenn nötig müssen Angestellte auch schon mal rund um die Uhr zur Verfügung stehen. Zum Beispiel auf Messen oder weil dem Geschäftsführer kurz vor Mitternacht noch einfällt, was er alles tagsüber vergessen hat und was sich nun, in der ruhigen Abendatmosphäre, prima am Telefon besprechen lässt. Vielleicht liegt es auch daran, dass die typisch deutsche Trennung zwischen Privatem und Geschäftlichem in China längst nicht so strikt ist. Was sicher auch gute Seiten hat – so klagen Chinesen seltener über Burn-out, weil der Anspruch auf eine große Portion ungestörter Privatsphäre einfach nicht so erstrebenswert ist –, hin und wieder jedoch seltsame Züge annimmt. So wurde beispielsweise eine Kommilitonin, die längere Zeit bei einem taiwanischen Unternehmen in Deutschland arbeitete, gebeten, ein Treffen zwischen dem Vorgesetzten und ihren Eltern zu arrangieren: Schließlich will man ja wissen, wo die Angestellten so herkommen, nicht wahr?

Derartige persönliche Kontakte sind übrigens bei der weiteren Ausbeutung nicht hinderlich.

Meine einprägsamste Erinnerung an die chinesische Arbeitswelt ist jedoch die öffentliche Arbeitsgerichtsverhandlung zwischen einem ehemaligen chinesischen Arbeitgeber von mir und einem Ex-Angestellten der Firma. Auf die ungläubigen Nachfragen des Richters, ob denn die Vorwürfe Hunderter unbezahlter Überstunden bis spät in die Nacht, die unentgeltliche Wochenendarbeit und die wochenlang verwehrten Mittagspausen in der Tat der Wahrheit entsprächen, hatte der Geschäftsführer eine bestechend logische Antwort: Ja schon – aber wir sind doch eine chinesische Firma! Außerdem seien diese Vergehen ein alter Hut – seit Jahren werde das so gehandelt, wer wolle denn da jetzt noch ... Auf die amüsierte Nachfrage des Richters, ob es denn weniger schlimm sei, wenn man bestehendes Recht besonders oft und besonders lang breche, ließ sich der Geschäftsführer zu einem forschen »Gewohnheitsrecht!« hinreißen. Regeln und Arbeitsgesetze gelten in China als Vorschläge, die man in Anbetracht einer Hochsaison jederzeit vom Tisch wischen darf. Und außerdem: Wenn eh keiner zuschaut ...?

Nun muss man dazusagen: Nicht alle chinesischen Firmen behandeln ihre Angestellten so schändlich (vielleicht, weil sie wissen, wie treffsicher ihre Landsleute im Locher-Werfen sind?), doch die, die es tun, finden es ziemlich normal. Andererseits: Niemand muss in einer chinesischen Firma zwingend in subalterner Stellung bleiben. Die Hierarchie ist ziemlich durchlässig – vielleicht auch, weil mit der Beförderung nicht unbedingt eine Gehaltserhöhung einhergeht. Die deutsche Dame am Empfang spricht Französisch? Dann wollen wir sie mal zur Country-Managerin Frankreich machen. Mal eben so, über Nacht. Und wenn es funktioniert, schreit niemand nach Diplomen oder Qualifikationen.

Auch die Kriterien bei der Suche nach Angestellten sind nicht immer dieselben wie hierzulande. Das kürzeste Bewerbungsgespräch meines Lebens bestand aus vier Silben: »Nĭ shu shénme?« und führte direkt in eine Position als Marketing Managerin (zugegeben – alle im Unternehmen führten einen Managertitel). Übersetzt bedeutet die Frage übrigens: »Was ist dein Sternzeichen?« Gemeint ist natürlich die chinesische Astrologie, die die Menschen je nach Geburtsjahr einem von zwölf Tieren zuweist. Und weil es nun mal wichtig ist, dass die Angestellten miteinander harmonieren (Stichwort: »Locher«), muss das Tierkreiszeichen stimmen. Und wer gut genug Chinesisch spricht, dass er die Frage versteht beziehungsweise beantworten kann, der kann den Rest auch noch lernen.

Apropos lernen: Richtig interessant wird es, wenn sich chinesische Manager mit amerikanischer Business-Literatur weiterbilden. Nicht, dass sie es wirklich nötig hätten – es ist anzunehmen, dass die meisten von ihnen jeden US-Manager in Sachen Verhandlungstechnik und Marktgespür in die Tasche stecken. Andererseits: Chinesen lieben hohle Werbephrasen. Wohl auch deshalb übernehmen sie den amerikanischen Business-Slang mit offenen Armen: Er klingt gut, kostet nichts und veredelt auch die kleinste Klitsche. Hier das Beispiel einer Firmeneigenpräsentation im Netz (und bitte nicht schummeln: Erst den englischen Text lesen, dann die Übersetzung!):

Brand & Culture
Mission: We strive to enhance the quality of living for people in China through our uniquely imaginative and creative culture
Vision: Become the most influential enterprise in leisure sectors in China
Personality: People-oriented, Creative, Determined and Excellence
Positioning: Creator of high quality life
Promise: We rely on the infinite imagination and strong determination of our outstanding team to create quality living experiences that meet the needs of people in china.

Oder übersetzt (inklusive der kleinen Fehler):
Marke und Kultur
Mission: Wir streben danach, durch unsere einzigartig erfin-

derische und kreative Kultur die Lebensqualität der Menschen in China zu verbessern
Vision: Das einflussreichste Unternehmen auf dem Freizeitsektor zu werden
Persönlichkeit: Am Menschen orientiert, kreativ, entschlossen und Exzellenz
Positionierung: Schöpfer von hochwertiger Lebensqualität
Versprechen: Wir vertrauen auf die unendliche Vorstellungskraft und starke Entschlossenheit unseres hervorragenden Teams, um Qualitäts-Lebenserfahrungen zu erschaffen, die den Bedürfnissen der Menschen in China entsprechen.

Klingt gut. Und jetzt raten Sie mal, um welches Unternehmen es geht. Ist es ein Freizeitpark? Ein Sportwarenhersteller? Oder vielleicht eine private Kunstschule? Nein. Ein Puff. Genauer gesagt ein Massage- und Escort-Club aus Shenzhen, mit zahlreichen Dependancen in ganz China.

Lesenswert sind auch die Stellenanzeigen für interessante Positionen wie »whole body technicians« (Voll-Körper-Technikerinnen), »foot division« (Fuß-Abteilung), »pick ears division« (Ohrensäuberungs-Abteilung). Vor allem Letzteres scheint mir kein wirklich kluger Karriereschritt.

卡拉 O.K. – o.k.?

SING MIR DAS LIED VON CHINA

Was Hänschen klein und Celine Dion vereint

Albtraum in Samt und Plüsch

Eine allererste Vorahnung von der chinesischen Karaokehölle (quasi die Unplugged-Version) bekam ich 1993 bei einer achtstündigen Überlandfahrt von Guilin nach Liuzhou vorgeführt. Während sich der Bus gefährlich schwankend über die vom Regen teils weggespülte Straße kämpfte und die Passagiere sich abwechselnd rechts und links aus den Fenstern übergaben – die meisten Chinesen scheinen extrem unter Reisekrankheit zu leiden –, wurde es all jenen, die gerade nicht mit dem Würgereiz zu kämpfen hatten, wohl langweilig. Nach und nach packten sie ihre Liederbücher aus und schmetterten mit Inbrunst los. Leider jedoch nicht dasselbe Lied, sodass der Bus bis Liuzhou von einer herzerweichenden Kakophonie erfüllt war.

Nicht dass hier ein falscher Eindruck entsteht: Die meisten Chinesen singen wirklich gut. Wohl auch, weil sie es oft tun: im Bus, in der U-Bahn, auf der Straße, im Restaurant oder im Park. Während sich der Westler lieber den kleinen Finger abschneiden würde, als in der Öffentlichkeit vor wildfremden Menschen Arien zu trällern, empfinden Chinesen keinerlei Scham beim Singen.

Kein Wunder, dass die japanische Erfindung des Karaoke in China mit offenen Armen empfangen wurde. Als der japanische Entertainer Daisuke Inoue Anfang der 1970er das *kara ôkesutera*, kurz Kara Oke (»leeres Orchester«) erfand, war es nur eine Frage der Zeit, bis diese Sangesherausforderung ihren Weg nach China fand. Anfang der 1990er war es dank der kulturellen Öffnung und vor allem dank des gestiegenen Lebensstandards so weit. Anstelle der Kassetten traten zudem die CDs und DVDs, die es in China weitaus früher in die Kaufhäuser schafften als in Deutschland. Kaum eine Neuerung hat sich in China je so nachhaltig und dauerhaft festgesetzt, wie das *kälä-ok* beziehungsweise *KTV*, wie es in China auch genannt wird. Daisuke schaffte es mit seiner Erfindung der Karaokemaschine 1999 sogar auf die Liste der 100 einflussreichsten Asiaten des *Time Magazins*: Dies dürfte er nicht zuletzt auch dem Milliardenpublikum in China zu verdanken haben!

Seither flackern dem China-Besucher überall im Land, selbst im letzten Bauerndorf, die fetten »KTV«-Leuchtreklamen entgegen. Während Deutsche abends gerne in die Kneipe gehen, zieht es Chinesen aller Altersklassen und sozialen Schichten in den Karaokesalon. Dort wird von sozialistischen Hymnen – kein Salon, der nicht auch »Der Osten ist rot« im Programm hat – bis zu den aktuellen Hits alles gespielt, was sich irgendwie singen lässt. Hier werden Geschäfte gemacht, Männerfreundschaften besiegelt und die Guanxi-Beziehungen geknüpft, die auch harte Zeiten aushalten. Ausländische Geschäftsmänner können im wahrsten Sinne des Wortes ein Lied davon singen.

Klassischerweise kommt Karaoke dann ins Spiel, wenn der jetlaggeplagte europäische Besucher schon alle Widerstandskräfte abgebaut hat: Am Ende eines langen Tages voller Verhandlungen über interkulturelle Hürden hinweg und nach einem ausgiebigen, mehrgängigen Geschäftsessen. Nahtlos geht es nach dem Dinner zum vergnüglichen Teil des Abends. Aus chinesischer Sicht.

Auf den ersten Blick wirken Karaokesalons auch gar nicht so furchterregend: Schummeriges Licht, bequeme Sessel im Plüsch-Look und fette Teppiche wirken eher wie ein geschmackloses Protz-Wohnzimmer und lassen auf Erholung hoffen. Leider dauert es nicht lange, bis der chinesische Firmenboss, vor dem tagsüber fünfhundert Angestellte zittern, auf der Bühne mit Inbrunst zu einem »Ich liehihihihibe sie noch immer« anhebt und vor Gefühl schier dahinschmilzt, sich nach »Country Roads« sehnt oder »Don't leave me now« fleht.

Darstellungen dieser Art bekommen schnell den Charakter eines Verkehrsunfalls: Man muss hinschauen, obwohl man es eigentlich nicht will.

Doch gerade dieser Seelenstriptease schweißt zusammen. Gut, dass es chinesische Geschäftspartner nicht weiter schlimm finden, wenn der Alkohol in Strömen fließt. Westliche Karaokesänger haben dadurch die Chance, den Vergessensprozess schon am Abend selbst aktiv einzuleiten!

Aus gutem Grund: Wenn das Mikrofon die Runde macht, dann gibt es nämlich keine Ausreden und kein Kneifen. Deutschen Besuchern kann man daher eigentlich nur eindringlich anraten, bereits zu Hause für reichhaltige Kenntnis von geeignetem Liedgut zu sorgen! Für Chinesen ist es geradezu unbegreiflich, dass gebildete Menschen nicht einmal die zweite Strophe von *Hänschen klein* produzieren können, geschweige denn ein anständiges Volkslied. Aber auch mit Klassikern wie Elvis oder den Beatles kommt der Europäer ganz gut durch. Unvorbereiteten Nicht-Sängern drohen Britney Spears und die Backstreet Boys.

Die Hoffnung, der Sing-Hölle durch verwegene und ausgefallene Wünsche zu entkommen, ist gering: der Mega-Festplatte sei Dank, haben chinesische KTVs praktisch alles im Programm, was auf der Welt jemals laut gespielt wurde, sodass der Wunsch, *Stairway to Heaven* von Led Zeppelin zu begleiten, bestenfalls dazu führt, dass man wirklich ein fünfminütiges Gitarrensolo still und mit angedeuteten Tanzeinlagen überbrückend auf der Bühne überleben muss. Auch Extravaganzen wie eine virtuose Luftgitarre bekommen in China nicht die Anerkennung, die sie aus westlicher Sicht verdienen.

Meine ganz persönliche Albtraum-Erfahrung in Sachen Karaoke fand ganz zu Beginn der Karaoke-Welle 1992 statt. Während der Betriebsfeier einer Eiskremfirma, in der ich kurz als waschechte Amerikanerin angestellt war – ausländische Verkäuferinnen waren damals definitiv eine absatzfördernde Sensation –, ließ sich der Regionalleiter vor Hunderten von Angestellten in der zum Karaokesalon umfunktionierten Turnhalle zu einem Ständchen für die Ausländerin hinreißen.

Während er ein herzzerreißendes »Sie ist so allein hier, ganz allein« darbot, wurden drei Lichtspots auf mich gerichtet und der ganze Saal fühlte mit mir. So allein. In der Fremde.

Wenn von der schmierigen Seite des Karaoke die Rede ist, geht es jedoch meist nicht um die Auswahl derart kitschigen Liedguts oder traumatische Sangesleistungen, sondern um die Nebengeschäfte, die in vielen KTV-Salons noch so angeboten werden.

Ziemlich oft wählen die Männergruppen im KTV nicht nur eine musikalische Playlist aus, sondern bekommen gleich zu Beginn des Gesangsabends auch eine Reihe von »Begleiterinnen« vorgeführt, deren Service sich nicht in der stimmlichen Begleitung erschöpft. Ob sie nun im horizontalen Gewerbe tätig sind oder nicht ist Auslegungssache – und eine Frage des finanziellen Einsatzes. Singen können sie jedenfalls auch, und wenn sich der westliche Gast allzu sehr ziert, dann nehmen sie schon mal seinen Platz ein. Dass die Getränke und Snacks für die KTV-Mädchen nicht gerade als Schnäppchen laufen, versteht sich von selbst.

Bei Interesse lässt sich die Musik-Diskussion dann im Hotel des Besuchers oder einigen separaten Räumen des KTV fortführen. Neben den vermeintlichen Friseursalons sind die KTVs das zweite Standbein der Sexindustrie, die mittlerweile rund zehn Millionen Menschen in China beschäftigt und mit rund einer Billion Renminbi (100 Milliarden Euro) zum Bruttoinlandsprodukt beiträgt.

Ob und wie weit ein KTV-Salon sich diesem Zubrot verschrieben hat, lässt sich meist schon am Eingangsschild ablesen – wenn sich gering bekleidete Frauen auf der Reklametafel räkeln (gerne auch mit westlichen Gesichtszügen, was man jedoch nicht allzu wörtlich nehmen sollte), dann ist auch im Inneren des Ladens wenig mit ernsthaftem Gesang zu rechnen. Obwohl man natürlich auch singen kann. Zum Aufwärmen. Echte Karaokebars ohne Zusatzprogramm unter der Gürtellinie haben daher auch kleine Fenster in der Tür, damit die Angestellten hier und da mal einen Kontrollblick hineinwerfen können.

Für westliche Geschäftsmänner, die in China keinen Seitensprung wagen wollen (abgesehen davon, dass die Prostitution in den Karaokesalons ja eigentlich gesetzeswidrig ist), sind die Verbrüderungsabende im KTV daher eine kniffelige Sache. Und für westliche Geschäftsfrauen sogar noch ein wenig mehr. Nicht, dass sie tagsüber in irgendeiner Form benachteiligt wären. Die Einladung zum Karaoke jedoch ist eine diffizile Angelegenheit. Schließlich kann man nicht mal schnell fragen, ob es a) eine ernst gemeinte Einladung zu einem lustigen Singertreffen ist, oder b) alle anderen, männlichen Teilnehmer insgeheim ganz froh wären, man sagte ab, weil sich alle schon ganz moralisch unkorrekt auf die prallen Häschen im KTV freuen.

Quasi im Jahresrhythmus versucht die chinesische Regierung mit Sauberkeitskampagnen den erotischen Seiten des Karaoke Einhalt zu gebieten, zuletzt mit einer landesweiten Kampagne im September 2011. Ein Unterfangen, das natürlich schon daran regelmäßig scheitert, dass just jener Plan mit großer Wahrscheinlichkeit von einer Handvoll Führungskräfte bei einem »Geschäftstreffen« im Karaokesalon geboren wurde. In den Medien machen sich diese Kampagnen jedoch gut: »Crackdown on Karaoke« heißt es dann wieder, also Schluss mit Prostitution und Sexsklaverei, und dass in diesem Zusammenhang auch gleich noch ein paar tausend Internetcafés schließen müssen, fällt dann neben den nackten Tatsachen der KTVs gar nicht mehr weiter auf.

Interessant ist in diesem Zusammenhang die Tatsache, dass die Auswahl des Liedguts weitaus besser kontrolliert wird, als der Erregungszustand der Besucher. So werden immer mehr KTV-Salons mit einem Überwachungsgerät namens »National Karaoke Content Management System« ausgestattet, das es für die Polizei nachvollziehbar macht, welche Songs gespielt wurden. Diese werden in der Regel aus dem Internet gezogen und sind daher erst einmal schwer zu kontrollieren.

Manchmal kann Karaoke auch richtig politisch werden. Im Herbst 2009 wurden mehr als 1200 Karaokebars angewiesen, vor Beginn des privaten Vergnügens einen Anti-Drogensong zu spielen, der sich nicht unterbrechen lässt. Für alle Ausländer sicher eine Genugtuung – können doch auch sie dem Karaoke-Elend kein Ende setzen!

欢迎光临

EINKAUFEN IN LILIPUT

Warum Chinesen selten auf großem Fuß leben

Handeln als Sport

»Einundvierzig! In echt?« Unter schallendem Gelächter biegt sich die Verkäuferin nach hinten und posaunt noch einmal diese unglaubliche Zahl in die Weiten der Schuhabteilung hinaus, damit auch alle anderen Verkäuferinnen eine Chance haben, mal so richtig mitzulachen: »Einundvierzig! Ha!« Ihre Kollegin lehnt sich derweil weit über den Tresen, um meine Füße persönlich in Augenschein zu nehmen. »Keine Chance«, konstatiert sie trocken. »Vielleicht in der Herrenabteilung?«

Egal, ob im Kaufhaus oder auf dem Markt: Der Versuch, in China Schuhe zu kaufen, endet leider verlässlich immer in genau dieser Szene. Chinesische Frauen leben nämlich sprichwörtlich nicht auf großem Fuß: Bis Schuhgröße 38,5 geht das Sortiment, danach wird es dünn in den Schuhregalen (Männer dürfen immerhin bis Größe 43 hoffen, hier und da findet sich in der hinteren Reihe sogar eine einsame 44 für die hochgewachsenen Nordchinesen). Größere Füße sollte man tunlichst verstecken. Immerhin ist China das Land, in dem sich die Frauen der Oberschicht bis in die 1930er die Füße binden ließen, um sie auf eine akzeptable Länge von rund 12 Zentimeter zu bringen, also genauer gesagt brechen, verkrüppeln und verfaulen lassen mussten, wollten sie nicht ihr Leben als einsame Jungfer fristen. Dass die stinkenden Fußbandagen als allerintimstes und erotischstes Accessoire galten, sei hier nur am Rande erwähnt.

Bis heute sind kleine, schlanke Füßchen das Ideal geblieben, auch wenn sich heute kein geistig zurechnungsfähiger Mann mehr die faulenden Fußgebinde zurückwünschen würde.

Anders als in Europa, wo Spezialgeschäfte immerhin den einen oder anderen orthopädisch wertvollen Latschen in Sondergrößen bieten, sieht man in China wenig Handlungsbedarf, die kleine Minderheit der Großfüßler zu bedienen. Westliche Frauen, die einen längeren Aufenthalt in China planen, erkennt man deshalb an den vielen Schuhkartons im Gepäck – oder den kalten Füßen, wenn sie im Winter mit gefütterten Crocs-Imitaten durch den Schnee stapfen.

Noch ein bisschen frustrierender als der Blick ins Schuhregal ist der Versuch, als normal gebaute westliche Frau passende Kleidung zu kaufen. Oder sagen wir mal so: Mit diesem Anliegen und einem gut gefüllten Portemonnaie vergeblich durch die Stadt zu ziehen.

Jetzt ist es nicht so, dass es in China keine schöne Mode gäbe. Die lockere Haltung in Sachen Markenrecht, dem wir während Urlaubsreisen mit erstaunlicher Toleranz begegnen, verspricht zudem wunderbare Schnäppchen. Hugo Gross, Betty Backley oder Yves Laint-Laurent lassen grüßen ... Außerdem gibt es da ja noch all die Waren, die in China mysteriöserweise vom Lastwagen fallen und dem deutschen Zoll bei der Heimreise genauso viel Freude bereiten wie ihre weniger legitimen Freunde. Gerade in Shanghai, Peking oder Kanton lockt zudem nicht nur die international uniforme Massenware, sondern hier gibt es auch viele nette lokale Designer mit interessanten Ideen. Nur enden die Erwachsenengrößen leider dort, wo bei uns die Kindergrößen beginnen. T-Shirts von doppelter Handbreite, Hosen, die einer deutschen Neunjährigen zu klein wären, und Gürtel, die man sich als Westlerin bestenfalls noch um den Hals schnallen könnte (zum Beispiel, weil wirklich WIRKLICH gar nichts passt).

Vielleicht ist Ihnen schon mal aufgefallen, dass dicke Chinesinnen meist herumlaufen, wie eine in die Pelle geschossene Fleischwurst? Doch bevor Sie sich ob des mangelnden Mode-Bewusstseins verächtlich abwenden, darf ich Ihnen versichern: Sie können nichts dafür! Denn obwohl die Chinesinnen mit jedem Jahr statistisch ein wenig dicker werden, bleiben die Kleidergrößen auf der überschaubaren Bandbreite einer europäischen Kinderabteilung stehen. In vielen Boutiquen wird die Größe 38 schon so verschämt ans hintere Ende des Ladens verbannt, dass sich beim Käufer dasselbe Gefühl einstellt, als würde man in Deutschland in der Big-is-Beautiful-Abteilung für Größen ab 52 stöbern.

Dass gerade Chinas Warensortiment ausgerechnet hier so große Lücken zeigt, ist eigentlich erstaunlich. Geht es um die chinesische Kultur werden oft Schrift, Religion und Kunst als verbindende Elemente genannt. Ja, stimmt schon. Doch was die Chinesen wirklich eint, ist die pure Freude am Shoppen. Einkaufen steht bei Umfragen über Hobbys und Freizeitgestaltung immer an erster Stelle, weit vor allen Sportarten und Sammelleidenschaften. Ladenschlusszeiten, wie sie in Europa gelten, werden daher bestenfalls als Spaßverderberei wahrgenommen. Was tun bloß all die Mitteleuropäer am Wochenende, wenn die Geschäfte geschlossen haben und die Innenstädte verwaisen?

Dabei dreht sich der Shoppingwahn nicht nur um die Waren, die man sich wirklich leisten kann oder kaufen möchte. Einkaufen ist der Blick in eine fremde Welt, ein Liebäugeln mit Symbolen für ein besseres Leben, der Preview auf eine reiche Zukunft, die ganz sicher kommt. Zumindest glauben die meisten Chinesen daran.

In Anbetracht dieser Shoppingfreude wundert es nicht, dass Chinas letzte große Revolution nicht in der Politik, sondern im Laden um die Ecke stattfand:

Bis zum Beginn der 1990er stellten die Staatsbetriebe einen Großteil der Kaufhäuser und Geschäfte, deren Angestellte eine sehr eigenwillige Auslegung des Begriffs »Service« vertraten.

Meist thronten griesgrämige Verkäuferinnen vom Charme gestandener Aeroflot-Stewardessen hinter dem Verkaufstresen und sabotierten jeden Versuch des Konsums mit einem gebellten *méi yǒu* (ham wa nich!), bevor der Kunde sein Anliegen überhaupt vortragen konnte.

So allgegenwärtig war dieses Phänomen, dass viele Ausländer *méi yǒu* ernsthaft für den üblichen Gruß hielten.

Etwas zu kaufen, das man im Regal sehen konnte, erforderte sportlichen Einsatz, zähes Verhandeln und nicht zuletzt die sorgfältige Auswahl des Ansprechpartners – beispielsweise einer Verkäuferin, die gerade am Ende ihres Romans angelangt war, oder mit dem Zahnstocher bereits den letzten Backenzahn erreicht hatte und daher vielleicht etwas Abwechslung zugeneigt war. Doch auch sie durfte man nur ganz kurz beim Lesen, Stricken oder Unterhalten stören. Etwas kaufen zu wollen, war ein geradezu unverschämtes Anliegen, das jeden Angestellten sofort in einen Märtyrer verwandelte. Eine Ware anzusehen und es dann <u>nicht</u> zu kaufen, erforderte noch mehr Mut, und es war meist klar, dass man sich gerade einen nie wieder zu löschenden Eintrag auf der mentalen schwarzen Liste der Verkäuferin eingehandelt hatte. (Traf man die Drachen von der Kaufhauskasse übrigens privat, handelte es sich ausnahmslos um nette Menschen, die erst im Kittel zum Kettenhund mutierten.)

Alle jene, die seit den 1990ern nicht mehr in China waren, dürfen sich in dieser Hinsicht auf einen echten Schock gefasst machen. Hier und da gibt es sie noch, die Vertreter der alten Mei-you-Schule, doch sie sind selten geworden.

Am Eingang, wo sich der Kunde einst auf das rechte Demuts-Maß zurechtstutzen lassen musste, stehen heute paarweise bildhübsche junge Elfen Spalier und flöten dem herannahenden Kunden ein lockendes *huānyíng guānglín* ins Ohr: »Willkommen ehrenwerter Gast.« Beim ersten Mal möchte man dann noch anhalten und fragen: »Wollen Sie mich verschaukeln?« Aus lästigen Störenfrieden sind innerhalb weniger Jahre wieder Kunden geworden, die man mit Eifer umgarnt! Auch im Laden selbst wartet eine völlig andere Welt auf den Besucher: Kaum hat sich die Tür wieder geschlossen, schwirren die dienststeifrigen Verkäuferinnen nur so um den Kunden herum: »Was darf's denn sein? Womit kann ich dienen?«

Der Grund ist einfach: Staatsbetriebe gibt es heute kaum mehr, genauso wenig wie die sozialistische Unkündbarkeit. Wer die Kunden vergrault, der fliegt, und zwar ohne lange Kündigungsfristen. Zum anderen ist diese wundersame Entwicklung der kaufkräftigen Mittelschicht zu verdanken, die ihren neuen Reichtum gefälligst mit Stil umverteilen will.

Derart umschmeichelt verliert der ausländische Kunde alle Skepsis. Auch im Kaufrausch des Nachtmarkts fällt es gar nicht weiter auf, dass viele der Waren einem zweiten, kritischen Blick eigentlich nicht standhalten.

Zurück im Hotel umso mehr: Zum Beispiel, weil die »100 Prozent Silk« verdächtig glänzt und verräterisch knistert, wenn man die Stoffteile aneinander reibt. Mit dem klassischen Echtheitsbeweis, den man in China gerne dem beeindruckten ausländischen Gast vorführt, hätte ich vor wenigen Jahren beinahe ein Hotel abgefackelt. Es ist nämlich so: Echte Seide brennt nicht, wenn man mit dem Feuerzeug an einer Stoffkante entlangfährt. In meinem Fall dauerte es Stunden, bis wir den beißenden Gestank verbrannten Plastiks aus dem Zimmer gelüftet hatten. Das Corpus Delicti, ein paar Seidenhemden, war leichter zu beseitigen, da es bereits auf ein Zehntel des Originalvolumens zusammengeschmurgelt war. Immerhin, dank eines Funkens Restintelligenz hatte ich das Experiment im Bad vorgeführt und daher das Hotel verschont und die Flammen relativ schnell gelöscht.

Auch die Freude an der in harten Verhandlungen erkämpften DVD hält übrigens oft nicht so lange wie die durchschnittliche Spieldauer. Da kauft man für umgerechnet 20 Cent eine CD – und muss feststellen, dass der geheime Abfilmer im Kino leider hinter dem einzigen Zwei-Meter-Menschen Chinas gesessen hat. Alternativ wird auf der Verpackung Arabisch und Deutsch verwechselt. Noch ein wenig bitterer ist es, wenn die spannende DVD (deren offizieller Kinostart in Deutschland noch ansteht) leider nach der Hälfte abbricht.

Gut, wenn man sich dann wenigstens in der Gewissheit sonnen kann, einen guten Preis herausgehandelt zu haben. Denn auch das ist China: Einfach so nach einem Preis fragen und zahlen? Das ist der sicherste Weg, sich nicht nur als völliger Neuling zu outen, sondern auch garantiert das Vierfache hinzublättern.

Feilschen ist ein sportlicher Wettbewerb, bei dem alle Mittel erlaubt sind und dem Gewinner durchaus Bewunderung gezollt wird. Verkaufen sie unter einem 400-prozentigen Preisaufschlag, scheint chinesische Händler das akute Gefühl zu befallen, ihre einzige und beste Chance des Tages vergeigt zu haben. Geradezu dramatische Dialoge werden hier inszeniert: »Die Kinder! Sie hungern! Die Frau arbeitslos, das Leben so teuer in China!« Da muss der Ausländer doch verstehen, dass der kleine Markthändler das T-Shirt keinesfalls unter dem Einkaufspreis verkaufen kann! Der Ausländer, wenn er denn mitspielt, weiß von Wirtschaftskrise und niedrigen Löhnen zu berichten. Und natürlich vom Stand in der vorletzten Reihe, der genau dasselbe T-Shirt für 50 Kuai[2] weniger verkauft. Ehrlich!

Nach langem Feilschen mit enormen Nachlässen geht der Ausländer letztlich mit dem guten Gefühl, ein wahrlich

---

[2] Die chinesische Währung heißt offiziell Renminbi, wird aber auch als Yuan bezeichnet und nennt sich im Volksmund Kuai.

revolutionäres Schnäppchen gemacht zu haben, während der Ladeninhaber sich vor Freude die Hände reibt.

Mein Lieblingsdialog auf dem Markt geht so:
»Was kostet die Tasche da?«
»800 Kuai.«
»Schade, so viel Geld hab ich nicht.«
»Kein Problem, machen wir 500 Kuai.«
»Sorry, ich hab echt zu wenig dabei.«
»300!«
»Ich hab nur 100 Kuai dabei, geht echt nicht.«
Der Händler kämpft einen Moment mit sich selbst.
»Na gut, 100, sag's nicht weiter.«
Ich ziehe 500 Kuai aus der Tasche und zähle hundert ab.
»Ey, du hast gelogen!«
»Ja, natürlich. Also, steht das Geschäft oder nicht?«
»Oh Mann, du bist schon länger in China, oder?«

Eine weitere sportliche Shoppingdisziplin ist der Parcours durch das komplizierte Bezahlprozedere im Kaufhaus. Aussuchen, zur Kasse gehen und bezahlen? Viel zu einfach! Stattdessen sucht sich der Kunde die Sachen zusammen, versucht eine Verkäuferin zu finden, die ihm die Preise addiert, einen Beleg ausstellt, mit dem sich der Kunde wiederum an einer Kasse anstellen muss. Danach heißt es mit der Quittung zurück zu den verschiedenen Verkäuferinnen, die jeweils ihre Waren verpacken und dem Käufer übergeben. Oder zwischenzeitlich wundersamerweise in den Weiten des Kaufhauses verloren gegangen sind, und sich nur schwer wiederfinden lassen. Dieses Modell erklärt übrigens auch, warum die chinesische Arbeitslosenquote so erstaunlich niedrig ist. Pro Kaufhausabteilung werden dank der Quittungsmanie bis zu drei Arbeitskräfte mehr gebraucht.

Immerhin, in einer Hinsicht hat sich auch in den staatlichen Kaufhäusern die Stimmung geändert. Musste man die passende Verkäuferin früher noch mehrmals aus dem acht Stunden dauernden Mittagsschlaf rütteln – einmal, um die Waren anzuschauen, einmal, um eine Warenquittung zu erhalten, ein weiteres Mal, um die Sachen gegen die Quittung einzulösen – sind heute fast alle wach.

中国 神州

UNSICHTBARE CHINESEN

Ohne Taschengeld kein Spaß im Jenseits

Achtung, Dämonen auf dem Beifahrersitz!

Sie lungern an Tempeleingängen herum, belästigen Autofahrer und stören die Passanten, wo sie nur können: Wenn Sie bei diesen Worten automatisch an die alkoholisierte Klientel eines deutschen Kiosks denken, liegen Sie falsch. Gemeint sind die Geister und Dämonen, von denen es in China nur so wimmelt.

Das Positive ist: Uns Westler stören diese schrägen Gestalten eigentlich nicht. Weil wir sie gar nicht sehen können. Für die meisten Chinesen hingegen sind Geister und Dämonen ohne jeden Zweifel Teil der Realität. Und eine echte Gefahr!

Denn: Im Vergleich zu westlichen Geistern, die sich mit ein bisschen Kettelgerassel und Betttuchgewedel auf zugigen Schlossruinen herumtreiben, wirken chinesische Dämonen eher wie transzendentale Hells Angels. Sie sind nicht nur allgegenwärtig, sondern auch übellaunig und mächtig.

Aber wie wird man eigentlich Dämon? Von Geburt an ist der Mensch nach chinesischer Weltsicht von zwei Seelen belebt, die zusammen die Lebensenergie Qi ausmachen: Die Yang-Seele *hun* und die Yin-Seele *po*. Beim Tod trennen sich die beiden: Wenn alles gut geht, und der Leichnam mit allen erforderlichen Ritualen bestattet wurde, fliegt die *hun*-Seele gen Himmel und wird dort zu einem Ahnen oder (wenn es sich um ein ganz besonders verdientes Wesen handelt) gar zu einem Gott. Die *po*-Seele bleibt mit dem Leib im Grab zurück. So weit der Idealfall. Doch hin und wieder spielt die *po*-Seele nicht mit und erweckt den Leichnam wieder zum Leben. Dummerweise hat dann oft schon die Totenstarre eingesetzt, sodass die furchterregenden Gestalten, die als Dämonen wiederauferstanden sind, sich nur ungeschickt fortbewegen. Wie eine Mischung aus Zombie und Vampir staksen sie nachts durch die Gegend, immer auf der Suche nach menschlichen Opfern. Dann gibt es nur ein Gegenmittel: Der Leichnam muss verbrannt werden. Übrigens können sogar einzelne Knochen von der *po*-Seele in Besitz genommen werden – sollte Ihnen also ein mordlustiger Daumen oder ein fieses Schlüsselbein im Dunkeln begegnen: Alles ist möglich!

Gottseidank erkennt man die *jianshi* an ihrer ungesunden bläulichen Gesichtsfarbe und an ihrem giftigen Atem (alternativ kann es sich bei einer solchen Gestalt natürlich auch um einen Zecher handeln, der dem verheerenden Baijiu-Schnaps zu heftig zugesprochen hat; wenn Sie sichergehen wollen, lassen Sie den potenziellen Dämonen einfach mal auf der Stelle hüpfen: Jianshi können das, Baijiu-Säufer sicher nicht mehr).

Auch ein gewaltsames Ende oder offene Fehden zum Todeszeitpunkt verwandeln einen freundlichen Menschen schnell in einen Dämon. Dann können *hun*- und *po*-Seele nicht auseinander gehen und keine Ruhe finden, sodass sie mit dem Diesseits zwanghaft verbunden bleiben. Erst wenn sie selbst ein lebendes Opfer auf dieselbe Art in den Tod getrieben haben oder in einen anderen Körper schlüpfen, um sich zu rächen, finden beide Seelen endlich Ruhe. In ländlichen (und dem Geisterglauben sehr zugetanen) Gegenden müssen Unfallopfer deshalb mitunter etwas länger auf Hilfe warten: Ganz offensichtlich ist hier ein Dämon im Spiel, der sich nun ein neues Opfer suchen muss. Aus diesem Grund sind Autogurte und Motorradhelme bei Geistergläubigen eher unbeliebt: Durch diese Vorsichtsmaßnahmen werden die Geister gerade auf den Plan gerufen, denn insgeheim rechnet der Träger anscheinend mit einem Unfall, was den Dämonen erst auf das potenzielle Opfer aufmerksam macht.

Im Regelfall jedoch geht alles gut: Nach dem Tod steigt die *hun*-Seele in den Himmel auf und wird zum Ahnen. Damit es ihm dort an nichts mangelt, opfert ihm die Familie regelmäßig: In fast jedem Haushalt kokeln daher vor einem kleinen Ahnenaltar Räucherstäbchen vor sich hin, sorgen kleine Süßigkeiten oder ein Stück Lieblingsobst dafür, dass Opa auch nach dem Tod nicht auf Leckereien verzichten muss.

Auch Kühlschränke, Autos, Mikrowellen und andere moderne Annehmlichkeiten werden im Jenseits gerne genommen. Als Versandmethode bietet sich die Überweisung per Feuer an. Und weil Chinesen grundpragmatisch sind und nichts von unnötigen Ausgaben halten, werden natürlich nur Papierimitate verbrannt. Besonders im traditionellen Hongkong und auf Taiwan, aber auch in der Volksrepublik gibt es zahlreiche Spezialläden für Totenbedarf, die praktisch jeden noch so abwegigen Gegenstand aus Papier anbieten. Ansonsten tut es auch ein regelmäßiges Taschengeld – »Totengeld«, ausgestellt auf die »Hell Bank«.

Problematisch ist: Für diese rituellen Handlungen braucht es einen männlichen Nachfahren – eine knifflige Situation in den Zeiten der Ein-Kind-Ehe. Und wehe, die Überweisungen aus dem Diesseits bleiben aus! Dann verwandeln sich auch einst zufriedene Ahnen in hungrige Dämonen und piesacken die Lebenden. Ein ganzes Genre von fernöstlichen Horrorfilmen lebt von dieser Furcht.

Ganz wehrlos ist der Mensch allerdings nicht: Geister können zwar zwischen Jenseits und Diesseits wechseln, die Knie krümmen können sie freilich nicht. Weil sie keine haben! An dieser Schwachstelle packt man sie am einfachsten: Hohe Geisterschwellen vor Eingängen und Toren lassen die transzendentalen Besucher ganz schön dumm aussehen – und manch einen schusseligen Ausländer auch. Aber schließlich nennt man uns nicht umsonst hinter vorgehaltener Hand *baigui* (weiße Geister).

Als wäre dies nicht peinliches Handicap genug, können viele Geister auch nur geradeauslaufen. In traditionellen Wohnhöfen und Tempeln verwehrt ihnen daher eine »Geistermauer« in Form einer zum Eingang parallel gezogenen Wand den Zugang. Um den Tempel zu betreten, muss der Besucher nun einmal um die Ecke laufen. Nach demselben Prinzip funktionieren auch die Zickzackbrücken, deren verspieltes Design nicht nur nett aussieht, sondern auch Geister maulig umkehren lässt. Wenn sie denn können. Auch diese Fähigkeit fehlt vielen Geistern – darum möchte in China übrigens niemand am Ende einer Sackgasse wohnen. Hier müssen die Besucher aus dem Jenseits ja ganz zwangsläufig einkehren.

Um sicherzugehen, dass sich kein böser Geist über die Schwelle schleicht, hängen viele Chinesen einen kleinen Spiegel an die Haustür. Blickt der Dämon hinein, erschrickt er vor sich selbst und schon ist die Gefahr gebannt. Allerdings sind nicht alle Dämonen so dumm, ein zweites Mal hineinzuschauen. Dann muss eine weitere List helfen, damit sich die Dämonen doch noch ihres schrecklichen Äußeren gewahr werden. Weil Dämonen so gerne Labyrinthrätsel lösen, wird der Spiegel einfach inmitten eines kleinen Labyrinths versteckt – hat sich der böse Geist dann ins Labyrinth locken lassen und trifft dort unvermittelt auf den Spiegel, sucht er erschreckt das Weite.

Ganz besonders heikel ist das Thema Geisterkontakt zum Zhongyuan-Fest am 15. Tag des siebten Monats im Mondkalender. Dann öffnen sich die Tore der Geisterwelt und alle ihre Bewohner dürfen einen Tag auf Erden herumspazieren. Um es für den Westler deutlich zu beschreiben: Man stelle sich eine riesige Horde von Hooligans mit übernatürlichen

Kräften vor. Um die gefährlichen Besucher beschäftigt und bei Laune zu halten, werden vielerorts auf der Straße vor leeren Stuhlreihen Pekingopern dargeboten. Auch Snacks, ja ganze Menüfolgen stehen für die zwielichtigen Besucher bereit, immer nach dem Motto »Mit vollem Magen randaliert es sich schlecht«. Bei allen Vorkehrungen – niemand legt einen wichtigen Termin auf dieses Datum. Vor allem Hochzeiten und Begräbnisse stünden an Zhongyuan unter einem denkbar schlechten Stern!

Für alle, die es ganz genau wissen wollen: Um einen Vorgeschmack auf die Hölle zu bekommen, muss niemand auf den Besuch aus der Geisterwelt warten. Die Stadt Fengdu nahe Chongqing gilt als offizieller Hölleneingang. Tiefe Salzstollen wurden hier in den Untergrund getrieben, von denen einer bis in die Unterwelt reichen soll. Und weil sich sowieso alle nach dem Tode hier einfinden müssen, um sich richten zu lassen, kann es nicht schaden, schon zu Lebzeiten einmal vorbeizuschauen.

Mit dem Bau des Dreischluchtendamms wurde die Stadt Fengdu allerdings nahezu vollständig geflutet, lediglich die Tempel und Schreine auf den Hügeln blieben verschont. Da fragt man sich: Steht die Hölle jetzt auch unter Wasser? Sitzen die Höllenkönige nun mit feuchten Füßen und noch eine Spur übellauniger im Schlamm und verdammen vor lauter Wut alle zum Unglück?

Angesichts der mannigfaltigen Gefahren durch die Geisterwelt tut man in China gut daran, sich mit der Feng-Shui-Geomantik zu beschäftigen. Hier ist die Abwehr der dämonischen Attacken geradezu zur Wissenschaft avanciert.

Zahllose Regeln und Messungen sollen dafür sorgen, dass alle menschlichen Veränderungen der Landschaft möglichst mit der natürlichen Umgebung harmonieren und die Energieflüsse nicht stören – und außerdem das Geistergesindel keine Chance bekommt! Wenn manch eine Straße in Hongkong oder Shanghai einen architektonisch unaufgeräumten

Eindruck macht – also in etwa so, als habe der Bauleiter irgendwann zwischendrin den Plan aus Versehen ein wenig gedreht –, dann steckt meist Absicht dahinter: Qi-Energieströme müssen gelenkt, böse Geister abgewendet werden und überhaupt soll das Feng-Shui jedes einzelnen Gebäudes zur Umgebung passen. Das international bekannteste Beispiel ist wahrscheinlich das große Hochhaus am Hongkonger Repulse Bay. Hier wurde eine große viereckige Öffnung von der Breite mehrere Wohnungen ausgespart, um dem auf dem dahinterliegenden Berg hausenden Drachen nicht den Weg zum Wasser zu versperren.

All dies funktioniert wunderbar bei einem Neubau. Doch was passiert, wenn sich Chinesen mit den gegebenen Umständen arrangieren müssen, am Ende gar in Europa? Geht das denn überhaupt? Gar nicht so einfach, wissen viele Auslandschinesen aus eigener Erfahrung.

Kein Wunder, dass sich die Suche recht schwierig gestaltete, als sich der chinesische Reiseveranstalter Yong Travel in einer deutschen Stadt nach einer neuen Büroetage umsah: Nach jeder Besichtigung musste der Grundriss des Objekts nach China gefaxt und auf die Feng-Shui-Tauglichkeit geprüft werden. Am Fuße eines Hügels? No way, da fließt die Qi-Energie nicht und das Unternehmen geht pleite. Gegenüber eines Krankenhauses? Auch schlecht. Es sollten weder Bäume vor der Tür stehen (dies könnte die Dämonen an Räucherstäbchen erinnern und zu einer Stippvisite einladen), auch sollte das Gebäude nicht in der Nähe der Polizeiwache liegen (da lungern sowieso nur die ganz fiesen Geister herum) und schon gar nicht an einer T-Kreuzung, da die Dämonen hier, wie bei einer Sackgasse, automatisch durch das Büro laufen müssten. Keine Bushaltestelle davor (das Haltestellenschild erinnert an eine Axt) und – um Himmels willen! – keine U-Bahn-Station, deren Eingang das positive Qi wie ein Staubsauger einsaugen würde ... Der Immobilienmakler machte mit jeder Besichtigung einen zusehends unglücklicheren Eindruck.

Dann das O.K. aus China: eine Doppeletage im ersten und zweiten Stock mitten in der Innenstadt. Erst nach dem Umzug fiel auf: Einer der deutschen Angestellten hatte auf der gefaxten Karte die Himmelsrichtungen fahrlässig falsch eingetragen: Statt nach Süden lag der Eingang nun nach Norden – schutzlos allen Geistern und Dämonen ausgeliefert!

Für die geschäftlichen Schwierigkeiten war nun ein Schuldiger gefunden: Kein Wunder, dass die Profite so mager waren, die Buchungen ausblieben und, schlimmer noch, die verbliebenen Kunden eine ganz besonders laxe Zahlungsmoral zeigten!

Hier war die Hilfe eines Geomantikers unabdingbar und nur der beste Name gut genug. Blitzschnell wurde ein Experte aus Taiwan eingeflogen, der die Dinge wieder ins rechte Lot rücken sollte.

Mit bedeutsamer Miene schritt der Meister einige Tage später durch das Büro, den Kompass in der Hand, und lotete jeden Winkel aus. (Nach den ersten Lachern der wenigen deutschen Angestellten, die eine erfrischend lässige Haltung zur interkulturellen Kompetenz bewiesen, wurden die folgenden Besuche des Wahrsagers dann in die Abendstunden gelegt.) Das Übel war schnell ausgemacht: Nicht die dreckigen Fußböden, stinkenden Kundentoiletten oder die spektakulär schlechten Gehälter waren schuld. Nein: Das riesige Hotel gegenüber, das mit seiner dominanten Präsenz die Qi-Ströme ablenkte. Im Schaufenster wurde daher ein kupferfarbener Zimmerspringbrunnen platziert, der wieder Geld ins Unternehmen spülen sollte, und um die finanziellen Ströme in der Person des (sich sträubenden!) deutschen Buchhalters zu bündeln, pinnte der Meister zudem mit einer Reißzwecke eine Kristallkugel an die Decke – direkt über dessen Kopf, was beim Betreten des Büros immer ein wenig so wirkte, als habe den Buchhalter gerade eine religiöse Erfahrung übermannt. Nicht wirklich TÜV-tauglich, aber effizient.

Ins kollektive Angestelltenherz schmeichelte sich der Wahrsager dann am letzten Tag seines Aufenthalts: Zu viel personelle Fluktuation, beschied er. Oh ja! Wer konnte, suchte sich in der Tat nach wenigen Wochen einen besser bezahlten Job. Seine Gegenmaßnahme jedoch war ernüchternd: Jeder Schreibtisch sollte fortan einen schweren Blumentopf oder eine Statue tragen, damit die Angestellten nicht mehr leichtherzig davonflatterten. »Ein schwerer Scheck hätte es auch getan«, knurrte einer der Sachbearbeiter. Genützt hat es übrigens wenig: Kaum war der wundersame Meister der Geomantik abgereist, ging alles schief, was schieflaufen konnte. Die Kunden zahlten nicht, Visa wurden abgelehnt, Busse waren schwer zu finden und die Buchungen gingen weiter zurück. Wenige Wochen später wurde das Unternehmen vom Bundesgrenzschutz wegen des Verdachts auf Menschenhandel so gründlich auseinandergenommen, dass man das gesamte geomantische Konzept wohl gänzlich als gescheitert betrachten musste.

Verzweifelt rief die Frau des Chefs den Meister in Taiwan an: Wieso? Es wurden doch alle seine Ratschläge genauestens umgesetzt! Gar nicht zu reden von dem saftigen Honorar, das der Geomantiker eingesteckt hatte. Am anderen Ende konnte man ein lautes Lachen hören. Dann legte der Meister einfach auf.

按摩生还手册

BAHN FREI FÜR DAS QI: WOHLBEFINDEN AUF CHINESISCH

Chinesische Wellness fühlt sich gut an – hinterher

Keine Chance für Bachblüten. Oder kann man die essen?

Gälte es den Beweis zu suchen, dass Chinesen völlig anders ticken, es wäre eine sinnlose Angelegenheit. Die Chinesen haben ihn nämlich schon längst erbracht, vor mehr als 2000 Jahren. Spätestens seit dem *Huángdì Nèijīng*, einem medizinischen Werk, das zu Beginn unserer Zeitrechnung entstand, weiß die Welt: Es ist das Qi, die unsichtbare Energie, die den chinesischen Körper nährt. Während wir Westler profan Kalorien verbrennen, uns ab und zu mit schlechtem Gewissen eine Schokolade gönnen und unter dem Strich sowieso zu viele davon zuführen, verfügt der Chinese über ein komplexes System an Leitbahnen, den Meridianen, die die Qi-Energie durch den Körper leiten und die Organe damit versorgen. Versiegt dieser Fluss, dann schlägt des Menschen letztes Stündlein. Es ist daher von allergrößter Bedeutung, a) diese Energie durch die korrekte Ernährung zu erhalten und b) ihr freien Fluss zu gewähren. Wehe, das Qi stockt oder erreicht die Organe nicht, dann drohen Krankheiten oder gar Schlimmeres. Vorbeugend, so wie ein Bremsencheck beim TÜV oder eine große Inspektion, lässt sich der Chinese daher gerne beim

Masseur die Qi-Kanäle auf Vordermann bringen. Im besten Falle spürt dieser präventive Meridian-Klempner die Probleme auf, bevor sie sich als Krankheiten äußern – ausgenommen all jene Salons, die sich auf das etwas hochpreisigere »Happy Ending« spezialisiert haben, was die weiblichen Leser jedoch weniger interessieren dürfte (und ihnen auch nicht angeboten wird).

Alles in allem klingt dies verdächtig nach dem, was wir in Europa unter Wellness verstehen, und meist wird es auch als solche angeboten. Doch Achtung: Nehmen Sie diesen Begriff nicht allzu wörtlich! Der ganz große Unterschied, so fasste es einmal ein Freund treffend in Worte, ist der: Bei einer westlichen Wellnessbehandlung fühlt sich der Kunde schon besser, wenn er nur durch die Tür in den Salon tritt. Bei der chinesischen Behandlung erst, wenn sie vorbei ist. Dafür aber umso nachhaltiger.

Das Ambiente ist dabei eher gewöhnungsbedürftig: Gemütliches Schummerlicht? Ganz schlecht und unseriös: Der Asiate will sehen, was vor sich geht, und dabei auch noch das eine oder andere Schwätzchen halten, natürlich mit Blickkontakt. Der neueste Klatsch, hierzulande zwischen Waschen, Legen und Föhnen auf den aktuellen Stand gebracht, wird in Fernost bei der Massage verbreitet. Die einzelnen Liegen sind daher auch nicht abgetrennt, sondern alle auf engstem Raum nebeneinander aufgereiht – sehr praktisch für Masseurinnen und Kundinnen gleichermaßen, so muss niemand brüllen. Plätschernde Entspannungsmusik würde dabei auch nur stören. Stattdessen leuchtet das gleißende Neonlicht unbarmherzig die Falten aus, während der Patient von Liege drei lautstark und quer durch den Salon mit der Empfangsdame plaudert.

Auch Duftöle, parfümierte Kräutertees und all der andere, vermeintlich asiatische Tand sind hier nicht erwünscht – zum Essen ist man ja schließlich nicht gekommen! Ist der Salon zu schick eingerichtet, sind die Liegen fett gepolstert und die

Einrichtung luxuriös, duftet es gar verführerisch, bleibt am Ende die Kundschaft weg. Nicht nur wegen der zu befürchtenden hohen Preise. Säuselt im Hintergrund die Musik allzu verlockend, vermutet der Ostasiate Schmu – die Angestellten sollen sich schließlich auf das Wesentliche konzentrieren und sich nicht von allerhand Ambiente-Trallala einlullen lassen. Und für ein paar Tropfen Duftwasser zahlt kein Chinese zehn Euro mehr. Dass die Masseurinnen in der Nylonkittelschürze oft eher an stämmige Ringerinnen denn an Wellness-Elfen erinnern, fällt dabei schon gar nicht mehr ins Gewicht.

Auch die Massagen selbst sind, sagen wir mal vorsichtig, anders. Nach einigen sanften Minuten, die das Opfer in Sicherheit wiegen, geht es zur Sache. Tief und heftig, erbarmungslos. Wimmern, lautes Luft-durch-die-Zähne-ziehen und unterdrückte Schmerzensschreie spornen die Masseurinnen erst so richtig an. Denn dort, wo es wehtut, steckt der Teufel im Gebein! Hier heißt es mit vollen Händen zulangen, zerquetschen, dehnen, drücken, flachschlagen und würgen, so lange, bis die letzte Verspannung aufgibt. Selbst eine unschuldige Fußmassage wird so zu einem Grenzerlebnis: Vergleichsweise zierliche Masseurinnen können auch einen muskelbepackten Sportler mit einigen wenigen Griffen an der Fußsohle so effizient zu Boden bringen, dass man es fast als Kampfsportart lernen möchte. Und während sie ihre sich windenden Opfer durchwringen, ohne sie auch nur eines mitleidigen Blickes zu würdigen, plaudern die Angestellten munter über Wohnungspreise, Nagelmaniküre, die Kleidung des Patienten oder den Zustand der Füße – mein Gott haben die westlichen Frauen große Quadratlatschen. Übrigens auch die, die ganz offensichtlich Chinesisch sprechen. Ganz nebenbei erfährt man als Sinologin daher auch allerhand über das Deutschenbild der Chinesen: Große Füße haben wir sowieso (kicher, kicher), angenehm helle Haut (was wir ja nicht wirklich gerne hören), sind aber viel zu behaart (auch nicht gut) und alles in allem eher klobig (danke!). Auch der Hinweis, man verstünde doch das eine oder andere, kann den Redefluss nicht stoppen: »Hey Xiaoming, die fette Ausländerin spricht Chinesisch.« Kleiner Vermerk auf der mentalen Agenda: 10 Kilo abnehmen. Dann Masseuse töten.

Chinesische Wellness ist also eine harte Disziplin, die sich lediglich am Ergebnis misst. Geht es dem Kunden am Ende gut, fühlt er sich nach der Massage besser, ist das Ziel erreicht. Welche Qualen auf dem Weg dahin zu überstehen sind, ist am Ende der Behandlung vergessen. All dies wäre nämlich gar nicht der Rede wert, wenn es nicht auf wundersame Weise wirken würde und man nicht spätestens eine Woche später wieder um einen Termin bei just jener Masseurin bitten würde, die all die Haut-Haar-Fett-Beleidigungen von sich gab.

Erschreckend ist langfristig auch diese Erkenntnis: Sie ist eigentlich ganz nett, diese unbarmherzige Frau mit der scharfen Zunge. Aus der Provinz, weit weg von der Großstadt, das Kind lebt bei den Eltern, man sieht sich alle sechs Monate einmal. »Ja, das ist hart.« Ein Lächeln. »Muss sein«, denn was sie in Shanghai in einem Monat verdient, mag nicht viel sein, ist aber immer noch mehr, als sie im Heimatdorf in einem Jahr verdienen könnte. Irgendwie wird nach dem zweiten Treffen aus der Fußmassage mit Beleidigungen und Heileffekt eine Gesprächsmassage mit Sprachlektion. Auch das tut gut.

Doch die nächste Herausforderung wartet schon auf den westlichen Besucher: Die heiße Quelle. In vielen Regionen Chinas und vor allem auf der geothermisch besonders aktiven Insel Taiwan locken an jeder Ecke Hotels mit heißen Badeanlagen. Und sagen Sie bloß nicht, niemals, vor allem nicht beim Einchecken, dies sei eine japanische Erfindung (auch wenn es vielleicht stimmt): Die Chinesen haben's erfunden und basta.

So auch im Tienlai Spring Resort, einer Anlage im Yangmingshan-Nationalpark vor den Toren Taipehs, wo das heilende Nass der Kengziping-Quelle in zehn verschiedene Freiluftbecken geleitet wird. Vor der Kulisse rauer Bergwelten lassen sich hier besser gestellte Taiwaner den Stress aus den

Gliedern dampfen. Doch auch hier herrscht, bei allen optischen Zugeständnissen, eine pragmatische Haltung. Ganz am Anfang waren die Becken beduftet und in verschiedenen beruhigenden Farben gehalten, gibt der Geschäftsführer zu. Doch mit Blütenzusatz konnte das Publikum eher wenig anfangen: »Wir baden nicht in Gemüse, wir essen es«, fügt eine Angestellte trocken hinzu. Seit vielen Jahren wird das Wasser also so serviert, wie es aus der Quelle kommt. Durchsichtig. Dem Badespaß tut es keinen Abbruch. Während die wehleidigen Westler noch vorsichtig mit dem Zeh das blubbernde Wasser prüfen, hüpfen nacheinander die Sprosse einer Großfamilie in die kochende Brühe. Schwimmflügel, Reifen und sogar ein Eimerchen fliegen hinterher. In jeder europäischen Therme wäre dies eine Kriegserklärung an die pensionierten Besucher, in Taiwan ist es Normalität. Die schwefeligen Dämpfe der Quelle sind gut gegen fast alle Leiden des Verdauungssystems und des Kreislaufs, sie entspannen und sorgen für guten Schlaf, also sollen gefälligst alle Familienmitglieder in den Genuss dieser fördernden Maßnahme kommen. Wellness ist Volkssport: von meditativer Ruhe oder ehrfurchtsvoller Atmosphäre daher keine Spur. Nur den ungeübten Ausländer fällt die Wasserkur wie einen morschen Baumstamm.

In den kleinen »Lovers Pools« mit Aussicht über die Gipfel und Wälder des Nationalparks wird es dann fast noch romantisch. Doch das Management hat vorgesorgt: Wenige Meter weiter sprudelt das Wasser in einem Brunnen direkt und unverdünnt aus der Erde. Wer will, kann hier mit einem Drahtkörbchen an einer Bambusstange in der Quelle noch ein Ei kochen. Zugegeben, das hat mit Wellness nicht mehr viel zu tun, beeindruckt aber die Besucher und vielleicht ist es ja doch gut für das Qi.

无论黑猫白猫，只要抓到老鼠就是好猫

WEISSE KATZEN, SCHWARZE KATZEN –
REICHE KATZEN!

Wenn die Friseuse rot trägt

Konkubine oder Ding-Dong-Fräulein

Während meines Studiums in China gab es einen Schneider namens Han, der auf einem Abbruchgrundstück nahe der Haupteinkaufsstraße der Stadt – im Grunde nichts anderes als eine enge, feuchte Lücke zwischen zwei Gebäuden – eine Schneiderei eröffnet hatte. Schon die architektonische Umsetzung gab dem Ausdruck »sich über Nacht selbstständig machen« eine ganz neue, greifbare Bedeutung. Eines Tages hatte er zwischen die Mauern der Häuser rechts und links eine Plastikplane gespannt, die Front mit einer weiteren blau-rot-weiß gestreiften Plane verhängt, Frau, Schwägerin und Mutter jeweils mit einer fußbetriebenen Nähmaschine aus der Zeit vor dem Ersten Weltkrieg dort platziert und war kurzerhand eingezogen. Zum Schlafen legten sich die Näherinnen einfach auf den Haufen halb fertiger Kleidung, der in einer Ecke des Ladens auf dem festgetretenen Fußboden wartete, oder kollabierten direkt an der Maschine in den Sekundenschlaf. Han war sprichwörtlich rund um die Uhr im Einsatz, auch weit nach Mitternacht schimmerte hinter der Plane noch Licht. Nicht nur die Ausländer aller fünf Universitäten ließen geschlossen dort schneidern, auch viele Chinesen wussten Han zu schätzen. Nach westlichem Standard war Han spottbillig. Zudem kannte er sich nach einigen Monaten auch gut mit afrikanischen Modevorstellungen aus, sodass die Kunden aus Zaire, Burundi und Ruanda Schlange standen.

Eines Tages war Han weg. Einfach so. Keine Razzia oder Polizeiaktion war daran schuld, versicherten die Nachbarn. Offensichtlich packte er einfach die gesamte Familie und die klapprigen Nähmaschinen ein und fuhr in den Sonnenuntergang. Ich stelle mir gerne vor, wie er mit einem schwarzen Mercedes mit getönten Scheiben in die Gasse einbiegt, die automatischen Scheiben leise heruntersurren lässt und zu seiner Familie sagt: »Lasst uns gehen.« Das Beste an dieser Vorstellung ist: Sie ist vielleicht sogar wahr. Wie viele Selbstständige der ersten Stunde verdiente sich Han dumm und dämlich. Und weil die meisten Chinesen keine halben Sachen machen, kam ein Gebrauchtwagen für Han wahrscheinlich nie infrage. Warum also nicht gleich direkt auf einen dicken Wagen und die Villa sparen?

Egal, was letztlich aus dem Schneider Han wurde, sicher ist: Kaum ein Land der Welt bietet so viele Möglichkeiten, über Nacht zu Geld zu kommen – aber auch, es wieder zu verlieren – wie China. Nach vielen Jahrzehnten zwangsverordneter sozialistischer Genügsamkeit lassen es die Chinesen heute so richtig krachen. Das allerdings kann dann doch gehörig nerven. Das britische Ideal des Understatements gibt es zwar durchaus – *dīdiao* ist sogar eine echte konfuzianische Tugend. Doch für diese Charaktereigenschaft bedürfte es einer gewissen Raffinesse, die die meisten Neureichen einfach nicht haben. Vielleicht liegt es auch daran, dass es in China kaum »Altes Geld« gibt, wer heute reich ist, ist fast zwangsläufig neureich. Zahlreiche Kampagnen und Enteignungsaktionen hatten ab den 1940ern dafür gesorgt, dass irgendwann so gut wie alle Chinesen arm waren. Nimmt man die »Prinzlinge« aus, die Nachkommen der ranghohen Kader, hatten die meisten Menschen Ende der 1970er mehr oder minder die gleichen Startchancen.[3] Interessanterweise gelang es zuallererst einigen Bauern, zu bescheidenem Wohlstand zu kommen, indem sie die neuen Freiheiten des landwirtschaftlichen »Verantwortungssystems« nutzten und endlich anbauten, was der Markt verlangte. Mit dem Spruch: »Egal, ob die Katze weiß oder schwarz ist, Hauptsache, sie fängt Mäuse« gab Deng zu Beginn der 1980er den Startschuss. Für all jene, die etwas langsamer waren, warf er noch ein »Reich sein ist glorreich« hinterher. China verstand und machte sich ans Werk.

Wie viele Chinesen heute jenseits einer quantifizierbaren Grenze einfach nur noch stinkend reich sind, lässt sich nicht genau sagen: Gerade wenn das Geld aus eher zweifelhaften Quellen oder Geschäften stammt, wird es nicht unbedingt auf der Bank deponiert oder gar versteuert.

Laut der Liste der reichsten Chinesen, die jedes Jahr vom Hurun-Institut zusammengestellt wird, zählte China 2011 fast eine Million Euro-Millionäre und zirka 60 000 Menschen mit mehr als 10 Millionen Euro Habe. Mindestens hundert Chinesen besitzen sogar mehr als eine Milliarde – ebenfalls in Euro gemessen. Nicht schlecht für ein Land, in dem bis Anfang der 1980er kaum ein Mensch mehr als einen Euro am Tag verdiente. Und das ist, wie gesagt, nur die Spitze des Eisbergs. Manch ein Chinese ist gar nicht so erpicht, auf der Hurun-Liste zu erscheinen und seinen Reichtum in die Welt hinauszuposaunen – am Ende kommt einer auf den Gedanken, nachzuforschen, woher der immense Reichtum eigentlich stammt. Denn auch das ist sicher: Wer reich ist, hat sich ganz bestimmt irgendwann irgendwo durchgeschmiert, Kontakte umgarnt und »gespendet«, wo es gebraucht wurde. Diskretion auf poli-

---

[3] Heute gilt dies nur noch bedingt. Laut dem Global Wealth Report der Boston Consulting Group besitzen derzeit 0,4 Prozent der chinesischen Bevölkerung 70 Prozent des Privatvermögens.

tischer Ebene ist daher Selbstschutz. Im Alltag haben die meisten jedoch keine derartigen Hemmungen.

Anstand und Ton scheinen mit jedem unredlich verdienten Yuan ein wenig mehr zu verschwinden. Taxifahrer anschnauzen (falls der Chauffeur mal freihat), Restaurant-Bedienungen mal so richtig springen lassen, in der Hotellobby Angestellte zur Seite stoßen gehören zu den Freuden eines jeden Reichen. Viele Neureiche scheinen ihre Benimmformen direkt aus »Oliver Twist« zu beziehen.

Sollte sich doch mal einer zu benehmen wissen, verrät ihn immer noch die äußere Erscheinung. Das allgemein anerkannte Outfit für Millionäre besteht aus lässiger Markenkleidung, fettem Goldkettchen, handgefertigten Schuhen, einer Armbanduhr im Wert eines deutschen Reihenhauses und einer ausgeprägten Freude an getönten Scheiben, sei es am Mercedes oder bei der Sonnenbrille, die auch in geschlossenen Gebäuden keinesfalls abgelegt werden darf.

Kein Wunder dass Mercedes-Benz im Jahr 2010 mit einem Verkaufszuwachs von 35 Prozent ein Rekordjahr erzielt. Fast 200 000 Fahrzeuge verkaufte der Autobauer in China – meist Wagen der E- und C-Klasse oder protzige Geländewagen.

Diese parken dann besonders gerne vor Spezialitätenrestaurants, in denen vor allem für den Mülleimer bestellt wird. Nicht, weil das Essen schlecht wäre – nein, es ist einfach nur eine Frage des Prestiges, viel zu viel zu bestellen. Wer es sich leisten kann, teure Leckereien auffahren zu lassen, bis sich die Tische biegen, und nur einen Bruchteil davon zu essen, hat es für alle sichtbar in die höheren Sphären der Gesellschaft geschafft.

Mal ganz abgesehen von den sozialen Gefahren einer solchen Entwicklung – denn die Menschen, deren Verdienst nur einen Euro pro Tag beträgt, gibt es natürlich immer noch – ist die große Zahl der neureichen Männer auch für die Frauen Chinas keine wirklich gute Nachricht (es sei denn, man gehört zu jenen, denen es gelingt, einen solchen ohne Ehevertrag zu heiraten). Denn wer wollte sich in Anbetracht des enormen Reichtums noch mit einer einzigen Frau begnügen? Noch ein wenig mehr Prestige als der übervolle Restauranttisch bietet der Luxus einer Zweit-, Dritt- oder Viertfrau. Die Obergrenze ist keine emotionale oder moralische Angelegenheit, sondern schlicht finanzieller Natur. Die Ehefrauen schauen derweil zähneknirschend weg.

Lange Zeit waren Konkubinen verpönt, vielleicht waren die meisten Männer auch einfach zu arm, als dass sie sich Eskapaden hätten erlauben können. Heute sind sie mit einem Male wieder da. Vor allem dort, wo sich die Neureichen häufen, leben ganze Dörfer von Konkubinen: Am Rande der großen chinesischen Wirtschaftszentren entstehen regelrechte Nebenfrau-Siedlungen mit schmucken Apartments. Statistische Daten sind aus verständlichen Gründen nicht verfügbar – wer gibt schon freiwillig zu, in einer illegitimen Verbindung zu leben. In Shenzhen beispielsweise gibt es ganze Straßenzüge, die ausschließlich von Zweitfrauen bewohnt und im Volksmund offen als »Zweitfrauendörfer« bezeichnet werden. Wirklich geheim ist die Existenz der Konkubinen sowieso nicht – schließlich verhilft es im Kreise der Kollegen und Geschäftspartner zu Prestige und »Gesicht«, sich eine zweite Frau leisten zu können. Kandidatinnen für den Posten gibt es jedenfalls genug: Für die Konkubine ist das unsichere Schicksal einer Zweitfrau immer noch erheblich attraktiver als die harte Arbeit am Fließband. Wird der Gönner seiner Zweitfrau überdrüssig, gilt es, schnell für einen neuen »Ehemann« zu sorgen. Langfristig rutschen viele der Konkubinen dann aber doch in die Prostitution ab.

Die ist übrigens auch schon lange nicht mehr zu übersehen und will gar nicht recht zum politischen Deckmäntelchen des Sozialismus passen. Wir Ausländer tun uns freilich oft schwer, die mehr oder minder gut getarnten Puffs zu erkennen. Mein Rat, vor allem an verheiratete Männer, lautet daher: Lassen Sie sich in China nicht die Haare schneiden! Vor allem, wenn die Friseurin einen roten Rock trägt! Werfen Sie doch einfach mal einen unauffälligen Blick in einen Friseursalon. Meist lungern die Angestellten, allesamt jung, weiblich und knapp bekleidet, lasziv auf den Stühlen herum. Auch die Öffnungszeiten sind auffallend verbraucherfreundlich: Bis in die frühen Morgenstunden steht das Personal zur Verfügung. Wer in den mitternächtlichen Etablissements allen Ernstes Waschen-Schneiden-Föhnen verlangt, dürfte allerdings Gelächter ernten. Hinter dem Euphemismus »Haarschnitt« oder »Massage« verbirgt sich oft die Prostitution, die theoretisch illegal ist und daher nicht als solche bezeichnet werden darf. Egal, ob in Badehäusern, Schönheitssalons oder Haarstudios: Zwischen drei und vier Millionen Prostituierte soll es laut offiziellen Daten in China geben. Andere Quellen sind da schon großzügiger und sprechen von bis zu 20 Millionen.

Dabei war die Prostitution lange Jahre nahezu ausgerottet. Erst mit der Öffnungspolitik Ende der 1970er tauchten wieder Huren in der Öffentlichkeit auf: Am Tresen der Hotelbar, unauffällig und nur an den gewagten, meist roten Kleidern und heimlichen Blicken zu erkennen. Von dieser Diskretion ist heute wenig zu spüren: Alleinreisende Geschäftsmänner können ein Lied davon singen, wie oft in der Nacht das Zimmertelefon klingelt. Ein wenig Gesellschaft versprechen säuselige weibliche Stimmen, aber auch eindeutigere Angebote kommen zur Sprache. Vielleicht eine kleine Massage zur Entspannung? Vielleicht auch zu dritt? Im Marketing besonders aktive Ding-Dong-Fräuleins (so der chinesische Ausdruck in Anlehnung an das Geräusch einer Türglocke) klingeln gleich direkt an der Zimmertür und können so physische Argumente sprechen lassen.

Etwas weniger auffällig geht es in den Karaokesalons zu – ebenfalls ein klassischer Hort der Prostitution. Im Entertainment-Gewerbe sind die Übergänge fließend: Eigentlich singen die Hostessen mit den Gästen und animieren sie zum Trinken, der besinnliche Gesangsabend muss dabei nicht immer auf der Matratze des Hinterzimmers enden. Jeder Teilnehmer entscheidet individuell, wie weit er gehen will, nicht jeder greift nach dem Singen zum »Dessert«. Ganz ohne Karaokebar kommt freilich kaum ein Geschäftsmann in China aus: Hier werden viele Deals besiegelt, entwickeln ehemals Fremde die Pfadfindergemeinschaft, die dem internationalen Geschäft so zuträglich scheint. Geschäftsfrauen sind in dieser Hinsicht ganz klar im Hintertreffen. Finanziell haben die Frauen Chinas aber immerhin schon so weit aufgeholt, dass es neben den weiblichen »Hühnchen« (ein gängiger Ausdruck für Prostituierte) in den Großstädten auch schon eine Szene von »Erpeln« gibt, die sich, man ahnt es fast, um die besser gestellten Chinesinnen kümmern.

Fragt sich: Warum boomt die Prostitution so enorm? Zum einen sind es sicher soziale Gründe. Täglich strömen Tausende von ungelernten Arbeiterinnen aus dem Hinterland in die Städte – leichte Beute für Zuhälter, können sie doch einen beeindruckenden Verdienst versprechen: Als Prostituierte verdienen die Frauen an einem Abend so viel wie Zimmermädchen oder Fabrikarbeiterinnen in einem Monat. Zum anderen gibt es mittlerweile wieder eine Mittel- und Oberschicht, deren Männer es sich schlichtweg leisten können, Sex zu kaufen. Fürs Prestige ist es allemal gut, das macht einen potenten Eindruck.

Nicht zuletzt ist vielen reichen Männern eine normale Beziehung einfach zu *mafan* geworden: Lästig, denn man muss sich kümmern. Schließlich lässt sich die Zeit doch viel besser nutzen, mit noch einem kleinen Geschäft, noch einem Deal, noch einer kleinen Million mehr auf der hohen Kante!

喝开水吧！

KAISHUI HILFT IMMER!

Trinkt mehr Wasser

Schlemmen für die Gesundheit

China für Gesunde ist eine Sache. China mit Schwindel, flauem Magen und akutem Brechreiz eine andere. Im Reich der Mitte krank zu werden, ist eine heikle Angelegenheit. Von den Sprachschwierigkeiten einmal abgesehen (die kommen ohnehin erst zum Tragen, wenn man einen gefunden hat, der einem potenziell zuhören könnte), muss der kranke Ausländer zuerst eine weitreichende Entscheidung fällen: Darf's denn zur Heilung auch die fernöstliche Medizin sein?

Die Versuchung, sich in China einer Behandlung nach den Regeln der traditionellen chinesischen Medizin (TCM) zu unterziehen, ist groß: TCM ist vergleichsweise billig und hat den betörenden Hauch fernöstlicher Exotik. Schon der Duft der traditionellen Apotheken mit ihren Kräutertees und den dunklen Holzschubladen an der Wand, die so heimelig und beruhigend nach jahrhundertelanger Tradition aussehen, ist betörend. Nicht zu vergessen, die skurrilen Zutaten, die tonnenweise herumstehen: in Alkohol eingelegte Schlangen, Geweihscheibchen und getrocknete Dinger, die irgendwie ziemlich nach Insekten aussehen – aber so genau will man es als Westler dann ja auch nicht wissen.

Besonders berühmt-berüchtigt unter den Heilmethoden ist die Akupunktur: »Tut das denn nicht weh?«, fragen Neulinge und erschaudern. Ganz ehrlich: Nicht wirklich. Trifft der Akupunkteur den gewünschten Punkt, gibt es einen kleinen Schlag. Falls Sie dieses Gefühl mal in einer Trockenübung ausprobieren möchten, dann schlurfen Sie mit Plastikschuhen über einen Polyacryl-Teppichboden und fassen danach die Türklinke an. Das kann man aushalten. Weitaus überzeugender sind aber wohl die Wunderheilergeschichten über die Akupunktur, die man zu hören bekommt. Wer in China weilt, muss nicht lange suchen, um einen anderen Westler zu finden, der per Nadel von jahrelangen Allergien, Asthma oder anderen schweren Krankheiten quasi über Nacht geheilt wurde. Ist es der Placeboeffekt? So ganz genau weiß es niemand. Sicher ist: Akupunktur ist so lächerlich billig, dass man es allemal ausprobieren kann, ohne große finanzielle Risiken einzugehen. Anders als die meisten Heilpraktiker in Deutschland, haben chinesische TCM-Ärzte ein reguläres Studium an einer Universität hinter sich und keinerlei Probleme damit, einen Patienten zusätzlich auch zum konventionellen Arzt zu schicken.

Dummerweise greifen TCM-Ärzte aber nicht nur zur Nadel, sondern auch zu anderen Waffen. Das Schreckenswort der TCM heißt: Tee. Nicht der grüne oder schwarze oder irgendein lascher Pfefferminztee. Nein, echte TCM-Tees sehen nicht nur aus wie die getrockneten Reste eines Außerirdischen, sie schmecken auch so. Ekelhaft. EKELHAFT! So fürchterlich, unglaublich und unbeschreiblich grottig-ungenießbar, dass ich beim ersten Kontakt mit einem TCM-Tee das Gefühl hatte, alle Viren und Bakterien würden meinen Körper verlassen wie die Ratten das sinkende Schiff. Herrgott, ich selbst hätte meinen Körper verlassen, wenn ich gekonnt hätte. Pfui Deibel!

Blickt man auf die Liste der Zutaten, klärt sich das Rätsel: Von Rhinozeroshorn und Bärengalle über seltsame Pilze bis zu Schildkrötenbauch, Froschplazenta und getrockneten Geckos ist so ziemlich alles drin, was man als Westler nicht mal anfassen möchte.

Sollten Sie einen ersten Eindruck des TCM-Geschmacks suchen, ein unverbindliches Hineinschnuppern, dann empfiehlt sich das *Imperial Herbal Restaurant*. Zugegeben, das liegt nicht in China, sondern in Singapur, gehört aber einer Chinesin und ist kulturell gesehen reinstes China-Territorium.

Seit mehr als zwanzig Jahren serviert das Restaurant Gerichte nach den Regeln der traditionellen chinesischen Medizin. Damit die Gäste die Auswahl passend zum Gesundheitszustand treffen, gibt es anstelle einer Speisekarte (sofern gewünscht) gratis eine Arztkonsultation dazu. Jeden Abend sitzt Dr. Foo daher in einer heimeligen Ecke des Restaurants vor dem chinesischen Arzneischrank und wirkt mit Kittel und Brille beruhigend vertrauenswürdig. Quasi die menschgewordene Devise: »Schlemmen für gut die Gesundheit!« Kein reuiger Gedanke soll den Gast bremsen, wenn er die Delikatessen auf den Teller schaufelt. Krokodilsuppe zum Beispiel, oder gebratene Ameisen. Zugegeben, auch zahmere Kreationen sind dabei, wie Eiweißomelette oder Hühnchensuppe.

Vorher jedoch absolviert Dr. Foo eine schnelle Standard-TCM-Anamnese: Ein Blick auf die Iris, eine detaillierte Pulsanalyse, kurz auf die Zunge geschaut – und ein rasches aber offenes Gespräch über den letzten Stuhlgang (für ein romantisches erstes Date ist das *Imperial Herbal* daher übrigens eher weniger geeignet). Je nach Ergebnis liefert er gleich die passende Empfehlung von der Speisekarte dazu.

Entgegen meiner Befürchtungen ist bei mir alles in Ordnung. Der Puls galoppiert, wie er soll, und auch die peinliche Klo-Frage kann ich zufriedenstellend beantworten. Nur das »Qi« könnte einen kleinen Booster gebrauchen – kein Wunder, angesichts des Langstreckenflugs und Klimaunterschieds zwischen Singapur und Deutschland. Aber das macht nichts, denn dagegen hat der Koch garantiert ein Süppchen parat.

Geht es nach Dr. Foo, gibt es für fast alle Beschwerden ein ge-
eignetes Menü: Schlaganfallpatienten bekommen geröstete
Skorpione oder gebratene Ameisen serviert (gut gegen Taub-
heitsgefühle!), schwache Lungen sind mit Krokodilsuppe gut
beraten, Frauen mit schwachem Qi finden Ginseng-Fisch-
suppe oder das Imperial Chicken vor sich auf dem Teller. Die
Liste der Beschwerden ist endlos, genauso wie die der potenten Gerichte.

Der erste Eindruck nach der Speisekartenlektüre lässt
außerdem vermuten: Es ist der Sex, der die älteren Herren
hierher treibt. Jedes zweite Gericht ist gut für die Potenz:
Wein mit Hirschpenis zum Beispiel, Hirschpenissuppe (nur
auf Vorbestellung!) oder Penisschnaps. Der Blick in den
Gastraum mag dies jedoch nicht bestätigen. Abgesehen davon, dass das *Imperial Herbal* von einem, sagen wir mal wohl-
wollend, sehr unkonventionellen Geist eingerichtet wurde,
scheint die Zusammensetzung des Publikums wie in jedem
anderen Restaurant auch: einige Familien samt Oma und
Opa, eine Handvoll Pärchen, ein Frauenausflug, der nach Kol-
leginnenparty aussieht. Nur dass sie allesamt auf rosa- und
orangefarbenen Plüschhänden sitzen, die die Finger steif gen
Himmel recken.

Wenn das Essen schmeckt und der Arzt einen weißen Kittel
trägt (Achtung, Kompetenz!), tritt alles andere in den Hintergrund. Das Versprechen von Gesundheit tut sein Übriges.

Der erste Eindruck ist also allemal interessant. Genauso
schmeckt auch das Essen: Der Mentholtee hebt mich fast aus
dem Sandalen, so stark kommt er daher, wie ein bösartig
mutiertes Hustenbonbon, in seiner Schlagkraft gänzlich unbeschreiblich. Und gar nicht so schlecht, wenn man auf Teufel
komm raus auf neue Erfahrungen aus ist. Das erste Gericht,
eine Art delikates Rührei aus Eiweiß, kann in Anbetracht des
momentanen Verlusts des Geschmackssinns kaum mehr Eindruck hinterlassen. Der nächste Gang, grünes Gemüse mit
Bocksdornbeeren, beschert mir den ersehnten interkultu-

rellen Moment: Die Erkenntnis, dass man für manche Dinge einfach in Asien aufgewachsen sein muss. Dass es ein Gen gibt, das Deutsche Wackelpudding essen lässt und Chinesen Dinge, denen ich spontan mehr Putzkraft als Geschmack unterstellen würde. Jetzt weiß ich: Zumindest die bitteren Geschmacksknospen meiner Zunge haben die *Stupor mentholis* überlebt.

Falls Sie so schnell nicht nach Singapur kommen, können Sie diese Geschmackserfahrungen mittlerweile auch in der Volksrepublik an verschiedenen Stellen machen. Sowohl in Shanghai als auch in Peking gibt es gleich eine Handvoll TCM-Restaurants. Leider verzichten sie jedoch auf den netten Doktor in der Ecke.

Andererseits: Wer lang genug in China lebt, geht vielleicht ohnehin nicht mehr so schnell zum Arzt. Die haben nämlich eine lästige Marotte: Solange der Patient nicht mit dem Kopf unter dem Arm in die Praxis spaziert oder er das Krankenhaus noch aufrecht auf zwei Beinen betritt, kann man sich fest darauf verlassen, dass er einen mit dem universellen Rat nach Hause schickt: *hé kāishuǐ*, trink abgekochtes Wasser!

Traditionell wird dem Kaishui eine ausgleichende Eigenschaft zugesprochen: Es ist weder Yin noch Yang und somit neutral. Allerdings tut der Ausländer gut daran, die Auslegung des zweideutigen Begriffs – er kann sowohl »warm« als auch »abgekocht« bedeuten – eher im hohen Temperaturbereich anzusiedeln. Angesichts der eher fragwürdigen Qualität des Trinkwassers ist eine Fehlübersetzung folgenreich – eine Behauptung, die ich durch private empirische Forschungen untermauern kann. In einer solchen Lage stellt sich immerhin heraus, wer zu den wahren Freunden zählt und einem zehn Tage lang täglich neues Klopapier, Getränke und Medikamente besorgt. Andererseits: Wer will das zu diesem Preis schon wirklich wissen?

在网上祭奠

VERSCHLUNGENE GÖTTLICHE WEGE

Religion ist keine Entscheidungsfrage

Korruption im Pantheon

Im Pantheon der chinesischen Volksreligion geht es zu wie in einer großen Firma: Manch ein Gott arbeitet sich mühsam hoch und glänzt mit guten Leistungen, bei anderen weiß eigentlich niemand so genau, wofür sie eigentlich gut sind und wieso sie einen so hohen Posten besetzen, andere wiederum erweisen sich als fehl am Platze und fliegen hochkant raus. Und bestechlich sind sie sowieso alle. Zuwendungen sind immer gerne gesehen und wirken sich auf das persönliche Glück förderlich aus. Allerdings erfordert die Auswahl des Empfängers durchaus Geschick und Raffinesse: Bei einem hohen Gott vorzusprechen, kann sich als sinnlos erweisen – er wird doch sowieso schon mit Opfergaben zugeschüttet und kann sich nicht um jeden kleinen Sterblichen persönlich kümmern. Besser, man nimmt einen aus der niederen Charge. Die freuen sich noch aufrichtig über die Aufmerksamkeit und legen sich ins Zeug. Und sei es nur, indem sie das Anliegen dann dem höheren Gott vortragen und die Sache auf dem schnellen Dienstweg ein gutes Ende nimmt.

Chinesische Götter sind im Grunde rundum menschlich – nur ein bisschen mächtiger. Wer sich im Umgang mit daoistischen Göttern auskennt, kann sich daher auch das Wirtschaftsstudium sparen. Und umgekehrt.

Dass wir Westler chinesische Religionen nicht wirklich verstehen, zeigt schon der Blick auf die Statistiken. Denen zufolge gibt es in China rund eine Milliarde Buddhisten. Dazu kommen eine Milliarde Daoisten und mindestens eine Milliarde Anhänger des Ahnenkults. Oder so ähnlich. Falls Sie jetzt auf eine Gesamtzahl von drei Milliarden kommen, sind Sie a) mathematisch auf dem richtigen Weg, dafür aber b) kulturell auf dem Holzweg. Denn selbstverständlich glauben fast alle Chinesen an alles gleichzeitig: Religionen werden additiv behandelt. Sprich: Um eine neue Religion zu praktizieren, muss man keineswegs das bereits bestehende Glaubenssystem über Bord werfen. Im Grunde ist das wie bei einem Nebenjob: Solange es den Chef nicht stört ... Und falls doch: Einfach machen. Wird schon nicht rauskommen.

Kein Wunder, dass daoistische Tempel den westlichen Besucher mit Buddhastatuen verwirren. Oder einem Konfuzius-Altar. Buddhistische Tempel wiederum haben oft einen daoistischen Nebenbau. Diese wirre Ausgangslage sorgt dafür, dass selbst manch ein China-Kenner erst nach vielen Jahren überhaupt gewahr wird, dass die Tempel theoretisch unterschiedlichen Religionen zuzuordnen sind. O. k., ich gebe es zu: Der Spätzünder bin in diesem Fall ich selbst. Zu meiner Entschuldigung sei angemerkt: Die Christen und Moslems machen es einem da einfacher. Sobald ein Christus an der Wand hängt, oder eben ein Koranspruch, kann man sich ziemlich sicher sein, welcher Glaubensrichtung das Gotteshaus zuzuordnen ist und dass jeder Versuch, noch etwas dazuzuhängen, von vornherein zum Scheitern verurteilt wäre.

Für Chinesen geht diese Frage weit über architektonische Fragen hinaus: Dao oder Buddha, Christus oder Krishna – solange die Gottesfigur effizient arbeitet, ist sie willkommen. Auch Neuzugänge aus anderen Religionen sind daher möglich. Die Multikultigesellschaft, von der wir im Westen träumen, ist im transzendentalen China längst Wirklichkeit. Wie viele Götter das chinesische Pantheon hat, weiß ja sowieso niemand ganz genau. In europäischen Fachbüchern zum Thema China ist zwar gerne die Rede von 10 000, doch diese Zahl beruht schlicht auf einem Missverständnis: Die Zahl *wàn* 万 kann sowohl mit »10 000« als auch mit »unendlich viel« übersetzt werden.

Lediglich mit dem chinesischen Islam kommt es kaum zu Überschneidungen, sodass er sich außerhalb der Gemeinschaft der alteingesessenen Hui und der Turk-Provinz Xinjiang nicht so recht durchsetzen kann. Vielleicht weil er allzu vehement das Gebot des Monotheismus einfordert und zudem das beliebte Schweinefleisch verdammt. In kulinarischer Hinsicht verstehen Chinesen keinen Spaß! Sogar viele Buddhisten sind hier zu großen Zugeständnissen bereit: Tiere schlachten kommt natürlich gar nicht infrage. Das macht der Schlachthof. Essen darf man sie allerdings schon – jetzt sind sie doch ohnehin schon tot.

Wie flexibel Chinesen ihre religiösen Angelegenheiten regeln (und dabei auch vor moderner Technik nicht zurückschrecken), zeigt auch der letzte Trend in Sachen Opferriten: Virtuelle Gräber und Opferstätten.

Theoretisch müsste der folgsame Nachfahre aus der Provinz Guangdong mit Job in Peking zum Totengedenkfest Qīngmíng nämlich 2000 Kilometer zurücklegen, um dem verstorbenen Opa am Grab zu opfern. Webseiten wie www.netor. com und viele andere machen es dagegen möglich, die erforderlichen rituellen Handlungen am Computer vorzunehmen: Mit einem Mausklick kann man ein Licht anzünden, dem Verstorbenen ein Lied hinterlassen oder Räucherstäbchen opfern.

Was auf den ersten Blick noch ein wenig befremdlich wirkt, entpuppt sich allerdings als recht spannende und oft auch ergreifende Sitte. Da legen die Kinder dreißig Jahre nach dem Tode des Vaters eine virtuelle Seite an, um ihm zu opfern:

»Papa, wir denken an Dich« ist dort zu lesen, und ein kleiner eingebauter Film lässt alte Fotografien über den Bildschirm laufen: Aufnahmen aus der Jugend des Lehrers in den 1950ern. Die Freunde eines im Jahr 2000 verstorbenen Doktoranden wiederum klagen bitter gegen die Polizei, die den Tod ihres Freundes nicht ordentlich untersucht haben soll, und widmen dem Verstorbenen einen so langen Text, dass man auch zwölf Jahre später noch ahnt: Dieser Mensch hatte treue Freunde.

Der Regierung ist dieser Trend nicht einmal unrecht. Rund um Qingming sind die Straßen regelmäßig verstopft und die Friedhöfe überlaufen, da passt es gut, wenn sich wenigstens ein kleiner Teil der Nachfahren die nötigen Rituale am Computer vornimmt. Teils gibt es sogar offizielle Pläne, diesen Service breitflächig anzubieten. So sollen bis Ende 2013 alle Friedhöfe der Provinz Guangxi digitale Grabstätten mit einem Menü der klassischen Opfergaben anbieten.

Preislich günstiger sind die Grabstätten im Netz allerdings nicht: Seiten wie www.waheaven.com (englische Version unter www.heaven9.com), die ein dreidimensionales Bild inklusive Grabstein und Altar für Opfergaben bieten, berechnen pro Opfer einen Obolus. Dafür gibt es dann allerdings auch einige Boni: Am »Loving Heart Index«, »Attention Index« und »Deep Love Index« lässt sich ablesen, wie beliebt der Verstorbene in der Webgemeinde ist.

Bei aller Skurrilität: In Sachen Religion gibt es zur Abwechslung mal wenig Grund, genervt zu sein – anders als im Westen behalten Chinesen ihre religiösen Ansichten nämlich für sich und verkneifen sich auch im heftigsten Glaubensfeuer des Herzens jegliche missionarische Vorträge.

Aus Sicht der Götter dürfte der Blick auf die Chinesen jedoch kritischer ausfallen. Denn nur weil einer zum Gott geworden ist, darf er sich in China noch lange nicht alles erlauben! Spurt der Hausgott oder Dorfgott nicht oder lässt seine Performance zu wünschen übrig, kann es durchaus sein, dass er ersetzt wird: Geister und Götter gibt es ja im Überfluss. Versager müssen zudem mit Repressalien rechnen. Niedere Götter werden schon mal mit einer Schimpftirade oder einer Ohrfeige diszipliniert. Nützt auch das nichts, ist alternativ eine Runde Einzelhaft möglich: Soll er doch mal sehen, wie das ist, wenn ihn wochenlang niemand mehr besucht oder mit Opfern bedenkt!

Allein diese Haltung lässt weit blicken: Vielleicht lassen sich die meisten Chinesen deshalb auch sonst nichts sagen?

Nur so zum Vergleich: Was würde wohl passieren, wenn bei uns jemand versuchen würde, den Vatikan einen Monat abzusperren, weil der Papst nicht spurt ...

中国太太

BANKKONTO ZUM HEIRATEN GESUCHT

Beruf mit Zukunftsaussichten: Taitai werden und bleiben

Hauptsache reich!

Anschmiegsam, liebevoll, hübsch, grazil und weiblich sind sie, bereit, alles für den Ehemann zu opfern und bedingungslos loyal. Vor allem aber sind sie unverdorben vom vehementen Feminismus der westlichen Frauen. Hört und liest man, was europäische und amerikanische Männer so zum Thema »Chinesische Frauen« von sich geben, kann einem angst und bange werden. Zum einen, weil es wahrlich furchterregend ist, welches Frauenbild viele Männer anscheinend immer noch mit sich tragen. Zum anderen, weil Abertausende, wenn nicht Millionen westlicher Männer allen Ernstes glauben, was sie da schreiben.

»Meine Frau ist extrem hingebungsvoll und engagiert. Ihre Hingebung kommt von Herzen, sie ist nicht so, weil sie etwas will oder braucht, dahinter steht kein Hintergedanke. Ihre Liebe ist rein und klar. So etwas findet man bei uns zu Hause, so zumindest meine Erfahrung, eher selten. Sie ist nicht ›beschädigt‹«, berichtet Jac aus China von seiner chinesischen Frau, und: »Sie ist anpassungsfähig und behandelt mich als Familienoberhaupt ... wenn ich eine Entscheidung getroffen habe, dann akzeptiert sie sie, weil sie mir vertraut.«

Allerdings gibt es überhaupt keinen Grund, sich darüber aufzuregen. Denn das Leben rächt sich an diesen Männern. Immer. Versprochen! Ich will Ihnen hier nicht den Spannungsbogen vorwegnehmen, aber waren Sie schon mal dabei, wenn eine Chinesin ihren Mann schimpfend und keifend vor feixenden Zuschauern am Ohr über die Straße zieht?

Die klassische deutsch-chinesische Liebesgeschichte geht so: Er (30–50 Jahre, gerne leicht übergewichtig und auch sonst kein Adonis, leitender Angestellter, für drei Jahre nach China entsandt) lernt sie (Dolmetscherin, 20–30 Jahre alt, bildhübsch und kokett) kennen. Er kann sein Glück kaum fassen: Dieses wunderbare Wesen interessiert sich für ihn! Und sie würde sogar ihre Heimat für ihn verlassen!

Falls Sie kein frisch verliebtes deutsch-chinesisches Pärchen dieser Zusammensetzung kennen, dessen Beziehung Sie beim graduellen Zerfall zuschauen können, tut es auch das Internet. Willkürliche Beispiele gibt es im Netz genug. Vor allem in Männer-Selbsthilfe-Foren.

Spätestens bei der Rückkehr nach Deutschland taucht nämlich die erste Missstimmung auf: »Wieso ist das Haus so klein? Wieso haben wir eigentlich keinen Mercedes? ICH SOLL ARBEITEN? Spinnt der?« Das geht natürlich gar nicht. Außerdem hat die chinesische Ehefrau ja bereits einen Job. Quasi. Aus der anschmiegsamen kleinen Lotusblüte ist nämlich längst eine knallharte Trainerin geworden, die das Potenzial ihres Schützlings kennt und nur noch mit Höchstleistungen zufrieden ist. Mehr Geld bitte, und Beförderungen in regelmäßigen Abständen!

Willkommen in der Welt der *Taitais*. Wörtlich übersetzt bedeutet Taitai »Ehefrau«. Eigentlich nichts Schlimmes, und doch kann das Wort jedem Kenner einen Schauer über den Rücken jagen.

Aus stolzen Gockeln mit devoter asiatischer Partnerin werden im Internet schnell verletzte Ritter, manchmal sogar im selben Thread: Berechnend, kalt, hinterhältig sind die chinesischen Frauen nun plötzlich. Und eine totale Enttäuschung. Schnell entwickelt sich dann ein heißer Meinungsaustausch zwischen Forenmitgliedern der Stufe 1 (Schlagwort: Mein Weibchen und ich) und den Mitgliedern der Stufe 2 (Schlagwort: Das Miststück und ich).

Wie zur Illustration findet bei uns im Ort, einer deutschen Kleinstadt, jedes Jahr an Chinesisch Neujahr in einem kleinen China-Restaurant ein Treffen der lokalen Chinesen statt. Oder vielmehr der deutsch-chinesischen Ehepaare, chinesische Männer sind interessanterweise gar nicht dabei. Und während die übergewichtigen, durch die Bank weg zwanzig Jahre älteren deutschen Ehemänner stolz den Blick über die hübsche Schar der Ehefrauen und Kleinkinder schweifen lassen und sich gegenseitig Anekdoten aus China erzählen (selbstverständlich nur solche, in denen die Chinesen ein wenig seltsam wegkommen), tauschen die Ehefrauen auf Chinesisch schnell die Befindlichkeiten aus. »Mein Mann geht mir ganz schön auf die Nerven, aber er bringt gutes Geld nach Hause«, »Wenn meine Schwiegermutter, der alte Drachen, wieder meckert, dann verstehe ich einfach nichts!«, »Meiner macht, was ich sage, der spurt. Alles andere würde ich auch nicht tolerieren«. Und weil sich keiner der Angetrauten je die Mühe gemacht hat, sich näher mit dem Chinesischen zu beschäftigen, wird es nächstes Jahr an Neujahr genauso klingen. Wenn nicht die eine oder andere der Chinesinnen mitsamt Geld und brandneuem deutschen Pass ein neues Leben beginnt – ohne den schwadronierenden deutschen Ehemann.

Damit wäre sie dann im letzten Stadium der Karriereplanung einer chinesischen Taitai angelangt. Die sieht nämlich so aus:

1. Potenziellen Versorger suchen.
Am besten ein Mann, der nicht wirklich gut aussieht. Die hässlichen sind anfangs ganz besonders dankbar und die Kon-

kurrenz ist nicht so groß. Ausländer eignen sich nicht nur aufgrund der Bonus-Perspektive eines Auslandsaufenthalts gut. Sie sind auch ungleich naiver als chinesische Kandidaten. Lässt sich kein lediger Versorger finden, tut es auch ein MBA (married but available). Parallell zur Suche steht ein ausführliches Schönheitsprogramm. Seitdem im Jahr 2001 kosmetische Operationen legalisiert wurden, werden jedes Jahr mehr als geschätzte drei Milliarden Euro in Schönheitschirurgie investiert. Eine kleinere Nase, Doppellidfalte und andere Korrekturen gelten quasi als Business-Investition. Statistisch gesehen geben weibliche, städtische Singles rund ein Viertel ihres Einkommens für Schönheitsprodukte aus!

2. *Finanzen überprüfen. Unsichere Kandidaten wieder aussortieren.*
   Vor allem Studenten müssen sorgfältig auf den Hintergrund und ihr persönliches Potenzial abgeklopft werden.

3. *Heiraten, ohne Ehevertrag versteht sich.*
   Bereits verheiratete Kandidaten müssen sich natürlich vorher scheiden lassen. Aber das ist nur eine Frage der Formalitäten.

4. *Kind bekommen.*
   Wichtig: Es muss im Ausland geboren werden! Nur so ergibt sich daraus ein dauerhaftes Bleiberecht.

5. *Möglichst viel Geld an die Familie nach Hause schicken.*
   Schließlich sollen auch die Eltern nicht im Elend leben. Genauso wie eventuelle Geschwister, diverse Onkels und Tanten und wer sonst noch so in China zur engeren Familie gehört. Übrigens: Auch das Studium der vielversprechenden Cousine ist ja nicht billig.

Spätestens die Geldfrage löst in der internationalen Beziehung ernste Verstimmungen aus. Hat sie denn nur des Geldes wegen geheiratet?, schleudert ihr der deutsche Ehemann entgegen. Und die chinesische Ehefrau fragt sich insgeheim: Ja, warum denn sonst?

Wie es sich anfühlt, in einer moderigen, schimmeligen Wohnung zu wohnen, jeden Tag in einer übervollen U-Bahn zur Arbeit zu fahren, dafür einen mageren Lohn zu bekommen und ohne soziale Absicherung zu leben, haben die meisten lange genug erfahren. Dann doch lieber in eine vermögende Familie einheiraten. Gegen diesen Plan hätten sicher auch viele Männer nichts einzuwenden. Nur traditionell sind sie es, die substanzielle Mittel in die Ehe mitbringen müssen. Wer sich als chinesischer Mann auf dem Heiratsmarkt umschaut, sollte genug auf der hohen Kante haben, um die Wohnung und ein Auto zu bezahlen. Oder Eltern, die bereit sind, das letzte Hemd dafür zu geben. Die Frau hingegen sorgt für die Einrichtung. Finanziell kein wirklich gerechter Deal. Auch aus diesem Grund heiraten Männer mittlerweile ein ganzes Stück später als Frauen.

Und jene Singlefrauen, für die der finanzielle Hintergrund des Mannes eher nebensächlich ist, bekommen den Druck vonseiten der Familie zu spüren: Die Generation der heutigen Bräute und Bräutigame gehört schon zu den berüchtigten Balinghou, den nach 1980 geborenen. Als Einzelkinder lastet auf ihnen die Versorgung der Eltern im Alter, und die ist kein Pappenstiel. Wenn der Druck zu groß wird, dann greifen die Balinghou auch schon mal zu Tricks. Zum Beispiel zum falschen Verlobten, wie sie auf diversen chinesischen Webseiten vermittelt werden. Für ein, zwei Tage sorgen »Friends to Rent« dafür, dass die Ehe-Inquisition der Verwandtschaft nicht zu unangenehm wird. Die Bedingungen (»Kost und Logis frei, Anreise wird übernommen«) müssen individuell ausgehandelt werden.

Für viele Chinesinnen (wie auch chinesische Männer) sind die generellen Vorstellungen von Glück völlig andere, weitaus materiellere als in Deutschland. Die Kriterien für eine Ehe sind recht simpel: Hauptsache reich! Alle anderen Aspekte, wie Aussehen, Charakter oder Bildung sind zweitrangig. Erstens ist der Alte ja sowieso kaum zu Hause und zweitens weiß man nie, wie lange die Ehe hält. Da sollte auch im Scheidungsfalle noch etwas herausspringen. Außerdem kostet die Erziehung eines Kindes mittlerweile eine ordentliche Stange Geld.

Wie überall auf der Welt gibt es also auch in China Frauen, die Männer ausnutzen und nur darauf hoffen, ein möglichst schönes Leben ohne Anstrengung zu führen. Nur brauchen sie sich in China nicht so sehr zu verstecken. Liebe gilt hier nicht unbedingt als beste Ehestifterin. Auch die unausgesprochene Regel, dass Männer sich gerne mit attraktiven Frauen schmücken, während Frauen vor allem in eine höhere soziale Schicht einheiraten sollten, ist noch gültig. Oder eher wieder gültig? Denn eigentlich steht es im städtischen China nicht einmal so schlecht um die Gleichberechtigung der Frau. Gut die Hälfte aller selbstständigen Geschäftsleute in Shanghai ist weiblich. Das ist auch nach westlichem Maßstab eine beeindruckende Zahl.

Natürlich gibt es in China auch Millionen von Frauen, die gerne ihr eigenes Geld verdienen und von einem Ehemann träumen, mit dem sie bis ins hohe Alter eine liebevolle Beziehung führen können. Darunter hoch qualifizierte Wissenschaftlerinnen und Managerinnen, aber auch Verkäuferinnen und kleine Angestellte ... Nur: Diese Frauen werden sich sicher nicht ausgerechnet einem Ausländer an den Hals schmeißen, wenn es sich nicht zufällig ergibt. Und sie sitzen auch nicht den halben Abend ausgerechnet in der Bar, wo die Chance auf einen ausländischen Manager mit dickem Geldbeutel besonders hoch ist.

Eines haben die selbstständigen Frauen mit den Taitais gemein: Auf den ersten Blick machen viele chinesische Frauen einen geradezu kindlichen Eindruck. Nicht sexy sondern »süß« ist das chinesische Frauenideal. Viele von ihnen staksen ein wenig ungelenk durchs Leben, was jedoch nicht daran liegt, dass sie ihre Gliedmaßen nicht im Griff hätten, sondern weil chinesische Männer das besonders süß und anziehend finden. Und Westler offensichtlich auch. Wenn Endzwanziger mit der Hello-Kitty-Tasche und Zöpfchen zum ersten Rendezvous erscheinen, sollte man meinen: Dies ist ein echter Abturner, oder? Doch weit gefehlt! Diese kindliche Naivität, die Unbeholfenheit, das weckt das Bedürfnis, dieses fragile Wesen auf Händen zu tragen. Zumindest bis zu Bettkante.

»Yellow Fever« oder »Gelbfieber« nennen die westlichen Steinzeitmänner diese Anziehungskraft, und es ist verwunderlich, dass bisher noch keiner dafür von seiner chinesischen Freundin erschlagen wurde. Dahinter steckt allerfeinster Rassismus, der eigentlich nur noch von der Diskussion übertroffen wird, ob nicht doch die Thailänderinnen ein wenig anschmiegsamer sind. Oder vielleicht die Filipinas? Die sind ja immerhin Christen ... das macht die kulturelle Verständigung einfacher. Und die kommen wenigstens in die Hölle, wenn sie sich scheiden lassen. Für Männer mit »Yellow Fever« bestimmt eine beruhigende Perspektive.

你叫什么？

NENN MICH ORCHIDEE

Warum Harry zu Hali wird

Wer sich liebt, beschimpft sich

Die Frage »Wer bin ich?« bekommt für Ausländer in China eine ganz eigene Problematik: Denn wie bitte lässt sich ein europäischer Namen vernünftig ins Chinesische übertragen? So kann es beim Lesen einer chinesischen Zeitung vorkommen, dass man mitten im Text auf einen seltsamen Satz stößt, der sich einfach nicht übersetzen lässt, wie 爱德华谢瓦尔德纳泽 (ài dé huá xiè wa'ěr dé nà zé). Wörtlich (und mit viel Phantasie übersetzt) hieße das annähernd: »Deutschland und China lieben, der Kachel danken, Deutschland bezahlt den Sumpf« – um nur eine mögliche Variante zu nennen. Man muss des Chinesischen nicht mächtig sein, um zu ahnen: Diese Übersetzung kann nicht richtig sein! Erst viel später dämmert es dem Lernenden: Aidéhuá Xièwa'ěrdénàzé ist kein anderer als ... Eduard Schewardnadse, der georgische Ex-Präsident!

Ins Chinesische übertragene ausländische Namen sind eine echte Falle für alle Nicht-Muttersprachler. Der Grund ist so einfach wie unausweichlich: Zur Umschrift ausländischer Namen werden chinesische Zeichen verwendet, die eine annähernd ähnliche Aussprache haben. Da es jedoch im Chinesischen keine bedeutungsfreien, rein phonetischen Zeichen gibt, kommen die verwendeten Zeichen immer auch mit einer Bedeutung daher, die zwar in diesem Fall unwichtig ist, die aber eben jeweils eine Übersetzung ermöglicht. Wer Zeichen-kombinationen wie *da si ting huo fu man* (Dustin Hofman) oder *mo ke er* (Angela Merkel) nicht als Eigennamen erkennt und ihren Sinn zu ergründen versucht, verstrickt sich dann unweigerlich in die verrücktesten Übersetzungsversuche.

Was chinesische Namen betrifft, so drängt sich dem Aus-länder ja hin und wieder der Eindruck auf, alle Chinesen hie-ßen Wang, Chen, Li, Liu oder Zhang, was der Wahrheit nicht ganz fernliegt: Tatsächlich tragen mehr als 20 Prozent aller Chinesen einen dieser großen vier Familiennamen, was unter anderem daran liegt, dass es nur rund 700 verschiedene Nach-namen in China gibt – ziemlich wenig für 1,3 Milliarden Menschen! Auch für Chinesen ist dies ein Quell ewiger Ver-wirrung. Da Ehepaare in der Regel verschiedene Nachnamen tragen, gibt es so mittlerweile die Möglichkeit, bei den Kin-dern die Nachnamen beider Eltern zu kombinieren, um den Nachwuchs nicht im Meer der Wangs und Lis untergehen zu lassen: Aus Wang und Li wird dann Wangli.

Etwas mehr Kreativität zeigen Chinesen bei den Vornamen. Dem Klang nach männliche oder weibliche Vornamen gibt es jedoch eigentlich nicht: Ob Mann oder Frau ergibt sich meist aus der Bedeutung. Kein Wunder, dass sich ungeübte Auslän-der schwertun, auf dem Papier Männer und Frauen zu unter-scheiden. Einige Indizien gibt es aber schon: Blumige, sanfte Namen mit der zweiten Silbe *huā* (Blume) sind oft weiblich, während kämpferische Namen meist männlich sind. Nicht zuletzt verraten die Namen das ungefähre Alter des Trägers. Menschen, die in den 1950ern und 1960ern oder während der Kulturevolution geboren wurden, müssen ein Leben lang den revolutionären Eifer ihrer Eltern ausbaden – der Namen wie *Jièfāng* (Befreiung), *Guóqiáng* (Landwehr) oder *Hóngjūn* (Rote Armee) abzulesen ist.

Wer einen derart politisch gefärbten Namen trägt, kann sich immerhin alternativ auch mit seinem »Milchnamen« ansprechen lassen, was aber nicht unbedingt die bessere Wahl ist. Traditionell bekommt ein Säugling im Alter von 100 Tagen einen Kosenamen, den er bis zum Schulalter trägt. Damit die Dämonen nicht auf das süße Kind aufmerksam werden, lenkt man die bösen Geister einfach mit abstoßenden Namen ab – wer wollte schließlich Dickerchen, Dummkopf oder Riesenohr fressen? Besonders an Herz gewachsen ist mir dabei der Milchname *gǒushǐ*: Hundekacke. Da ist es vielleicht doch noch besser, ein Leben lang als Hóngqí (Rote Fahne) durchs Leben zu flattern ...

Auch chinesische Kosenamen sind nicht unbedingt so, wie man sich diese als naiver Westler vorstellt. Zwar gibt es auch hier den allseits beliebten »Schatz« *bǎobèi* und den »Liebling« *qīn'àide*. Doch es gibt auch weitaus gewöhnungsbedürftigeres Liebesgeflüster. Etwa das romantisch gesäuselte *xīn'gan* (Herz-Leber), das man wohl als Pendant zum westlichen »Herzchen« gelten lassen kann. Anderes wiederum ist nicht ganz so einfach zu durchschauen. Falls also, wie in einem chinesischen Sprachforum thematisiert, der Kosename *zhūtóu* lautet, sollte dies vielleicht doch Anlass sein, die Beziehung noch mal auf Herz und Nieren zu durchleuchten, denn *zhūtóu* bedeutet Schweinekopf. Aber wie gesagt, derartige Säuseleien sind in China nichts Ungewöhnliches.

Gerne tragen Chinesen auch selbst erfundene ausländische Vornamen, wobei die fremdländische Namensgebung recht illustren Kriterien folgt: Hauptsache, es klingt irgendwie gut! In chinesischen Ohren, wohlgemerkt. Von Banana, Volvo, Porsche und Hildegard bis Walküre (besonders apart, wenn es sich dabei um ein zierliches Mädchen von 1,50 Metern handelt) und Johannes sind allerhand nette Ideen dabei.

Wird dieser englische Name auf der Visitenkarte mit dem chinesischen Namen kombiniert, kommt es mitunter zu verwirrenden Zusammenstellungen. Denn, wo bitte ist bei Cindy

Zhang Wang Li der Nachname und wo der chinesische Vorname?

Wir Ausländer haben allerdings wenig Grund, über die seltsamen europäisch-chinesischen Namen zu lachen. Wer länger mit China zu tun hat, kommt nicht umhin, sich einen chinesischen Namen zuzulegen – und greift dabei oft gehörig daneben.

Tückischerweise strotzt das Internet nur so vor Übersetzungsmaschinen, die in wenigen Sekunden den eigenen Namen auf Chinesisch ausspucken. Das Vorgehen ist ganz einfach: In einzelne Silben zerlegt, sucht das Programm automatisch ein passendes, lautlich ähnliches Pendant für jede Silbe heraus – fertig ist der Name, der die chinesischen Bekannten oder Geschäftspartner dann später wahlweise zur Salzsäule erstarren oder laut auflachen lässt. Denn auch hier lauert die Möglichkeit, sich mit der Bedeutung der Zeichen komplett unmöglich zu machen. Allein der Name »Pia« bietet Hunderte von Möglichkeiten, darunter auch die erfrischende Kombination *pi-ya* 屁鸭 (Furz-Ente).

Bevor man eine Visitenkarte mit seinem neuen chinesischen Namen verteilt, sollte also unbedingt ein Muttersprachler draufschauen. Zudem bietet es sich an, den gewählten Namen zu googeln und damit die klassischen Fettnäpfchen zu umgehen: Gibt es vielleicht ein bekanntes Waschmittel oder eine Tütensuppe, die genauso heißen? Frauen, die sich gerne mit poetischen Namen schmücken, sollten darauf achten, dass es nicht irgendwann eine berühmte Hofkurtisane gleichen Namens gegeben hat und dass der blumige Anteil des Namens nicht irgendeine versteckte sexuelle Anspielung beinhaltet (siehe Seite 31 des Kapitels »Ausgezählt«).

Noch ein wenig vertrackter als der persönliche Name ist die Übersetzung von Eigennamen. Gerade Firmen- und Markenbezeichnungen tragen nicht nur den lautlichen Wert, sondern auch eine Idee, die unterbewusst auf das Produkt dahinter übertragen wird. So wäre beispielsweise die (fiktive) Autofirma »Manker« mit der Übertragung *mankai* 漫开 schlecht beraten: Diese Zeichen klingen zwar ähnlich wie der deutsche Name, bedeuten jedoch »langsam fahren«. Ersetzt man 漫 durch das gleich lautende 满, sieht die Sache schon anders aus: Nun bedeutet *man* »zufrieden« – sicher die bessere Assoziation.

Ein gelungenes Beispiel für die Übertragung ins Chinesische ist die Umschrift von Coca-Cola: *Kěkǒu Kělè* ist nicht nur lautlich gut wiederzuerkennen, sondern bedeutet wörtlich auch »leckerer und erfreulich«. Auch der Autohersteller Benz legte viel Geschick bei der Auswahl des Namens an den Tag. Der chinesische Name *bēn chí* bedeutet »schnell fahren«. Hätte man sich für *bēn sǐ* entschieden (eine lautlich völlig schlüssige Möglichkeit), wäre dagegen »dumm sterben« daraus geworden ...

Im Zweifelsfalle weichen geschickte Übersetzer lieber lautlich ein wenig stärker vom Originalnamen ab, wenn ein inhaltlicher Zugewinn lockt. So ist der Originalname »Volkswagen« im chinesischen *dàzhong* kaum mehr zu erkennen. Übersetzt jedoch bedeutet es »Volksmassen« und transportiert damit dieselbe Botschaft wie der deutsche Name. Auch das Getränk 7Up punktet in China mit einem gut ausgesuchten Namen: *qixi* lässt sich mit »siebenfaches Glück« übersetzen.

五天六国

SECHS LÄNDER IN FÜNF TAGEN: CHINESEN UNTERWEGS

Warum manche Reiseveranstalter nachts schlecht träumen

Zwei gute Gründe, den nächsten Raubüberfall ins China-Restaurant zu verlegen

Wahrscheinlich gibt es außer den Chinesen kein anderes Volk der Welt, das eine Europareise in einem einzigen, knackigen Satz zusammenfassen könnte: »*Dé gānjìng, Fǎ búcuò, Hé zāng, Bǐ méiyǒuyìsi, Lú … bù jìdé, Yì gēn Zhōngguó yìyàng.*« Zu Deutsch: Deutschland ist sauber, Frankreich nicht schlecht, Holland dreckig, Belgien langweilig, Luxemburg … äh, weiß nicht mehr, Italien ist wie China.«

Um die 1,3 Millionen Chinesen kommen jedes Jahr zu diesem Schluss, für den sie in der Regel fünf Tage brauchen.

Beim Abreißen dieser Route hinterlassen sie glückliche Ladenbesitzer und haareraufende Hoteliers, nervenzerrüttete Busfahrer und völlig entnervte Zimmermädchen mit akutem Umschulungswunsch.

Dass es gerade diese Route sein muss, hat natürlich einen Grund: In Deutschland locken Heidelberg und die Reeperbahn in Hamburg, Markenwaren und romantische Schlösser. Die Beneluxländer wiederum haben den bestechenden Vorteil, so klein und eng beieinanderzuliegen – wo sonst lassen sich in ein bis zwei Tagen sage und schreibe DREI Länder abfahren! (Ein Aspekt, von dem bei Spanienreisen chinesischer Touristen auch das kleine Andorra profitiert). Für die Reichen unter den Reisenden ist Antwerpen eine beliebte Adresse, um einen Blick auf das europäische Diamantenangebot zu werfen, während in Amsterdam die halb nackten Damen in den Schaufenstern vor allem bei älteren Herren das dringende Bedürfnis nach einem kleinen Abendspaziergang zu später Stunde wecken. Mode und Parfüms in Frankreich und die spektakuläre Architektur in Italien runden die Europaerfahrung ab.

Man muss dazusagen: Reisen ist für die meisten Chinesen ein noch vergleichsweise neuer Luxus, der sich jedoch immer größerer Beliebtheit erfreut. Bis Ende der 1980er war eine Urlaubsreise ins Ausland geradezu undenkbar und für den Großteil der Menschen unerschwinglich. Doch mit dem wirtschaftlichen Aufschwung kam die Neugier aufs Ausland – und das nötige Kleingeld. Hinderlich war, dass bis 1997 lediglich Verwandtenbesuche und Delegationsreisen erlaubt waren. Ein Umstand, dem man, sofern sich keine Tante dritten Grades in Hongkong finden ließ, mit dem Kauf eines förmlichen Jacketts begegnete. Ganze Gruppen ließen sich zu Beginn ihrer Reise vor die Siemenszentrale in München oder einen anderen, international bekannten Konzern karren, um ein schnelles Alibi-Foto mit Jackett vor dem Firmenschild am Eingang zu schießen – als Beleg für den ernsthaften wirtschaftlichen Charakter der Reise, sollte nach der Rückkehr doch mal einer nachfragen. Dann konnte der Spaß beginnen.

Von diesen völlig unerfahrenen Gruppen der ersten Stunde zeugen bis heute tiefe Spuren in der Touristikbranche: Unbelastet von irgendeinem interkulturellen Verständnis hinterließen vor allem »Delegationen« aus abgelegenen Provinzen wie Henan oder Hunan quasi verbrannte Erde.

Positiv formuliert könnte man sagen: Die meisten Teilnehmer dieser Reisen waren irgendwie immer gut gelaunt. »Spaß!

Jetzt!«, hieß das Motto. Was auch eine Reihe von Dingen beinhaltete, die einem europäischen Hotelier direkt die Zehennägel aufrollen. Für den Direktor eines Frankfurter Hotels ereignete sich das interkulturelle Erlebnis par excellence, als eine chinesische Reisegruppe Ende der 1990er abends zum entspannten Kartenspiel auf dem Zimmer eines Gastes zusammenkam. Aufgeschreckt vom Feueralarm, den der dichte Zigarettenrauch auslöste, fand der Hotelleiter die entspannt plaudernden und heftig rauchenden Chinesen vor. Und einen Stuhl, auf dem der aus der Badezimmerwand gerissene Heißwasserboiler thronte. Auf die entgeisterte Frage des Direktors nach dem Sinn und Zweck dieses Vandalenaktes hatten die Spieler natürlich auch eine Antwort: zum Tee aufbrühen natürlich. Wozu sonst? Dumme Frage! Nach einigen fassungslosen Sekunden wollte der Direktor gerne noch wissen, warum sie das Gerät aus der Wand gerissen hatten: »*Bijiao fangbian*« – »Ist praktischer so!« Muss ich noch dazusagen, dass dies für lange Zeit die letzte chinesische Gruppe in diesem Hause war?

Zugegeben, heute geht es etwas ruhiger zu. Außerdem dürfte kein anständiges Vier-Sterne-Hotel heutzutage noch über einen Zimmerboiler verfügen (und dies nicht nur, weil sie alle herausgebrochen wurden). Geblieben ist jedoch die Vorliebe für Gruppenreisen: Alleine unterwegs? Das wäre doch langweilig!

Davon abgesehen gibt es natürlich noch einige andere Eigenheiten, die chinesische Touristen von anderen internationalen Gruppen unterscheiden:

1. Ich lärme, also bin ich

Das Kriterium schlechthin, um Chinesen und Japaner zu unterscheiden: Während Reisende aus dem Land der aufgehenden Sonne meist ausnehmend diskret auftreten und sogar dort still und leise Schlange stehen, wo es keine gibt, wirken chinesische Gruppen immer ein wenig wie ein Ausflug einer neunten Klasse, der es soeben gelungen ist, den Lehrer abzuhängen: Lautes Gelächter, Schultergeklopfe und freundliches Gerangel um die besten Plätze sind genauso typisch wie eine erste Bierprobe um 11 Uhr vormittags – das gibt die nötige Bettschwere, um später von Frankfurt bis Brüssel durchzuschlafen.

Handelt es sich untypischerweise mal um eine ruhigere Gruppe, macht der Reiseleiter dieses Manko schnell wieder wett: Neben 20 identischen Mützen in einer grellen Farbe gehört zur Grundausstattung ein übersteuertes Megafon – gerne auch mit einer leicht zu erkennenden Melodie, die permanent vor sich hindudelt, sodass verlorene Schäfchen auch noch auf 500 Metern Entfernung wieder leicht den Anschluss finden.

2. Gib mir Gold und Glitter!

Chinesen mögen es üppig: Große Lobbys über mehrere Etagen, ausgeschmückt mit Gold und Chrom, wandhohe Spiegel, fette Kristalllüster und Marmorböden kommen gut an. Was natürlich niemanden daran hindert, mit hochgekrempelten Hosenbeinen und Flipflops darüberzuschlurfen. Chinesen haben unterwegs ein rundum entspanntes Verhältnis zu Reichtum und Luxus. Wohl auch, weil sie alle insgeheim davon überzeugt sind, eines Tages mit der eigenen Stretchlimousine vorzufahren. Bis dahin kochen sie sich im Fünf-Sterne-Hotel gerne mal ein Süppchen im Wasserkocher, qualmen mit Inbrunst in Nichtraucherzimmern und führen lange Unterhaltungen am liebsten spätabends auf dem Gang.

3. Schwachpunkt »Bus«

Europäische Busfahrer und chinesische Gruppen sind in etwa so inkompatibel wie Schweinemetzger auf einer moslemischen Pilgerreise. Aus chinesischer Sicht gebührt dem Fahrer als subalternem Angestellten erst mal grundsätzlich kein Respekt, schon gar nicht, wenn die Reise ein Jahresgehalt verschlingt. Busfahrer sind Teil des Busses, so wie Reifen, Sitze oder Lenkrad, und sollten daher rund um die Uhr zur Verfügung stehen. Eine Haltung, die bei den Fahrern verständlicherweise nicht gut ankommt. Diese wiederum machen sich bei ihrer asiatischen Klientel ebenfalls durch ruppige Manieren unbeliebt sowie durch (aus chinesischer Sicht) unangemessene Wutausbrüche, wenn halb aufgegessene Döner oder die Hülsen der Melonenkernsnacks säckeweise durch den Bus purzeln. Zwischendrin steht irgendwo der Guide, meist ein chinesischer Student oder Exstudent, der beim Übersetzen die nötigen Adaptationen vornimmt, damit sich nicht beide Seiten schon am zweiten Tag der Tour an die Gurgel gehen.

4. Einmal reicht

Kulinarisch gesehen ist Europa eine echte Wüste, in der nur einige ausgesuchte China-Restaurants wie Oasen die Hoffnung auf ein vernünftiges Essen versprechen. Bevor eine chinesische Gruppe einen Dorfgasthof ansteuert, hungert man lieber kollektiv noch zwei Stunden bis zum nächsten China-Restaurant! Und selbst dort verlassen chinesische Gruppen selten zufrieden das Lokal, denn mit den europäisierten Gerichten können sie sich kaum anfreunden.

Durchschnittlich ein oder zweimal zeigen sie kulinarischen Wagemut – meist in Frankreich oder Italien. Wirkliche Begeisterungsstürme ernten jedoch deutsche Metzgereien: Eisbein, Schäufele, Fleischwurst und andere zünftige Leckereien finden sogar in Plastik eingeschweißt den Weg in den Koffer.

5. Kein Spaß ohne Shopping

Mit Museumsbesuchen und Kultur allein wird keine chinesische Gruppe glücklich: Shopping heißt das Zauberwort, das chinesische Gruppen abends zufrieden ins Kissen sinken lässt. Wohl auch deshalb hat keine andere Nationalität beim Reisen so viel Geld dabei wie die Chinesen. Was weniger am überbordenden Reichtum liegt, als an der Tatsache, dass auch Nachbarn und Kollegen aus China dem Reisenden eine lange Wunschliste mitgeben. Rund 5700 US-Dollar verpulvern Chinesen pro Reise und pro Person für schicke Kleidung, Schmuck, teures Besteck und Messer, Kristallnippes und vieles mehr. Die Faustregel der Veranstalter lautet daher: Pro Teilnehmer zwei Sitzplätze, schließlich müssen die Einkäufe ja auch noch irgendwo untergebracht werden.

Leider wird den Reisenden das Faible für dicke Portemonnaies – gerne auch in bar – in Kombination mit ihrem konservativen Essverhalten schnell zum Verhängnis. Denn auch die Kriminellen dieser Welt haben mittlerweile gemerkt, dass Chinesen nicht nur gerne um Punkt 12 Uhr zu Mittag essen, sondern dies vor allem im Nebenraum der immer gleichen China-Restaurants tun, die sich auf fernöstliche Gruppen spezialisiert haben und prima am großen, voll beladenen Bus vor der Tür zu erkennen sind. Kombiniert man diese Informationen noch mit dem Wissen, dass Chinesen eher Bargeld als einer Kreditkarte vertrauen, wird schnell ein Überfall daraus.

6. Wir haben es uns anders überlegt

Wer als Veranstalter mit chinesischen Gruppen Geld verdienen will, braucht stahlharte Nerven: Spätestens nach drei Tagen kommen mindestens drei der 20 Gruppenmitglieder auf den spontanen Gedanken, dass sie vielleicht doch lieber zwei statt einem Tag in Venedig bleiben wollen. Ergo trennt sich die Gruppe, und es ist ein zweiter Bus sowie ein zweiter Guide nötig. UND ZWAR SOFORT! Denn sobald die Mitarbeiter des Reiseunternehmens am späten Freitagabend von diesen Plänen erfahren, heißt es umbuchen, egal, ob Hochsaison ist, oder nicht. Und ohne Mehrkosten natürlich, da sind chinesische Gruppenreisende unerbittlich, schließlich verschlingt die Reise sowieso schon ihr ganzes Jahresgehalt, wenn nicht mehr.

7. Bloß nicht mischen

Mit Kerzenschein-Romantik oder der ruhigen Atmosphäre eines Fünf-Sterne-Frühstücks haben es chinesische Gruppen nicht so. Hoteliers tun deshalb gut daran, europäische und chinesische Gäste möglichst unauffällig zu trennen. Auch am Buffet gilt: Wer zuerst kommt, mahlt zuerst. Dabei ist der Europäer im Duell mit einem U-Bahn-Nahkampf-erprobten Shanghaier quasi chancenlos. Die allgemeine Buffet-Etikette scheint bei den meisten chinesischen Reisegruppen nicht bekannt zu sein. Hoppla, der Schinken schmeckt ja gar nicht! Schnell zurück damit aufs Büffet.

Die Freundschaft zwischen Touristikern und chinesischen Gruppen ist also keine einfache. In Anbetracht der Schwierigkeiten fragt man sich: Warum lassen sich so viele Hoteliers und andere Anbieter auf chinesische Gruppen ein?

Ganz einfach: China ist der größte Touristenmarkt der Welt. Egal ob auf den Malediven oder im Dschungel von Borneo: In manchen touristischen Gegenden ist die Chance, auf eine Chinesin im Hochzeitkleid zu treffen, höher, als einem Einheimischen zu begegnen. Okay, das mag ein wenig übertrieben sein. Aber nur geringfügig: Zum einen nehmen Hochzeitsreisende gerne die festliche Kleidung mit und schießen noch eine Reihe romantischer Fotos vor exotischem Ambiente – und so kann es wirklich passieren, dass man mitten im Regenwald auf eine scheinbar hingebeamte Hochzeitsgesellschaft trifft! Zum anderen sprechen die Statistiken für sich: Rund 54 Millionen Chinesen reisten im Jahr 2010 ins Ausland, und jedes Jahr werden es rund 20 Prozent mehr. Spätestens bis zum Jahr 2020, so die Prognosen der World Tourism Organisation WTO, werden jährlich mehr als 100 Millionen Chinesen ihren Urlaub im Ausland verbringen. Da drückt man als Hotelier dann doch gerne mal ein Auge zu, wenn es um die eine oder andere Marotte der Urlauber geht.

不好意思

NEIN!

Warum Nachfragen schnell in die Sackgasse führt

Leben ohne Ja und Nein

Mit dem »Nein« haben es die Chinesen nicht so: Das direkte, unverblümte »Nein« gilt als ungehobelt und unhöflich. Zumindest, wenn man den unzähligen Kulturführern und interkulturellen Trainingsmodulen glauben will. Sie alle warnen mit mahnend erhobenem Zeigefinger vor dem harschen Wort, das uns Germanen so locker über die Lippen kommt. Eine unbedachte Bemerkung, und schon sind alle bisherigen Verhandlungen für die Katz.

Falsch wäre es jedoch, nun dem Irrglauben aufzusitzen, Chinesen würden aus purer Nein-Phobie immer lächelnd nicken und sich ihrem Schicksal ergeben – das sind die Japaner.

Die gnadenlose, harte Wirklichkeit sieht so aus: Chinesen kennen sehr wohl das Nein. Und zwar nicht nur eines, sondern ein ganzes Arsenal an mehr oder minder unhöflichen Neins, die sie ihrem Gegenüber an den Kopf schmettern können! Allerdings muss man ihre Bedeutung lesen können. Notdürftig höflich verpackt sind sie in der Tat. Und genau das ist die Krux: Wir Ausländer verstehen diese Neins nicht. Zumindest nicht rechtzeitig. Und manchmal auch gar nicht. Andererseits lässt uns dies die unglaubliche Freiheit, nachzufragen, wo kein Chinese mehr nachbohren würde, und all die Dinge offen zu sagen, von denen Chinesen nicht einmal zu träumen wagen.

Hier ein kurzer Spaziergang durch die vielfältige Welt des chinesischen Neins:

méi bànfǎ 没办法

Wörtlich übersetzt bedeutet *méi bànfǎ*: »keine Methode«. »Wir hätten ja gerne, wenn es möglich gewesen wäre, nur leider sind uns die Hände gebunden ...« Was natürlich meist ausgemachter Unsinn ist. Die wahre Übersetzung heißt: »Warum sollte ich mir unnötigerweise Arbeit aufhalsen? Das ist viel zu kompliziert, außerdem ist es 16 Uhr, und ich will nach Hause.«

bù fāngbiàn 不方便

»Nicht praktisch« ist auch so ein ausweichendes Nein. Und zwar für den chinesischen Part, der gerade wirklich keine Lust hat, auf irgendwelche Änderungswünsche einzugehen, nur weil dem ausländischen Besucher der Sinn danach steht. *Bù fāngbiàn* ist quasi die Aussage »null Bock« auf ein höfliches Niveau gehoben.

tài fùzá 太复杂

»Zu kompliziert.« Was auch immer sich der Ausländer da wieder ausgedacht hat, es gibt tausend gute Gründe, warum es nicht umsetzbar ist. Der wichtigste davon ist allerdings meist ein lapidares: »Das machen wir schon immer so.« Und weil das schon seit 2000 Jahren so klappt, wird die Langnase auch nichts daran ändern.

bù xíng 不行

»Geht nicht.« Warum auch immer. Diese Antwort hat schon einen leicht unhöflichen Beigeschmack: *Bù xíng* heißt es bei Forderungen, die gegen die Konventionen, Regeln, Gesetze oder Anweisungen verstoßen – der Fragende bekommt mit dieser Antwort auch gleich noch eine klitzekleine moralische Lektion erteilt. Die klassische Sitzordnung zu verändern ist genauso *bù xíng* wie gegen die Einbahnstraße zu fahren. An Ausländer ist die Antwort *bù xíng* allerdings meist verschenkt. Wir wollen nämlich ganz genau wissen, warum sich etwas nicht schickt.

méi yŏu 没有

Stellen Sie sich ein geschnaubtes: »Ham wa nich« vor, in Kombination mit einem abschätzenden Blick. Genau: *méi yŏu* ist eine echte Abfuhr, die wenig darüber aussagt, ob es das Gewünschte wirklich gibt, sondern eher unterstreicht: »Du kriegst es sowieso nicht!«

tài máfan 太麻烦

»Zu lästig« sind Dinge, die den Aufwand einfach nicht lohnen. Und wer wollte bei so einer Abfuhr schon weiter insistieren? Außer uns Ausländern, die es mal wieder ganz genau wissen wollen und damit den chinesischen Part ganz schön in Bedrängnis bringen. Viele der Gründe, warum denn nun etwas zum »Hanfdreschen« ist (so die wörtliche Übersetzung von *máfan*), sind nämlich nicht öffentlich diskutabel.

bú yào 不要

Oha, hier hat aber einer die ersten vier Neins gar nicht verstanden! *Bú yào* ist quasi der letzte Versuch, das harte: »Ich will nicht!«, eine ganz schön unsensible Antwort, die keine Widerrede mehr herausfordert. Mobile Verkäufer und Bettler werden so abgewimmelt.

bù hăoyìsì 不好意思

Mein persönliches Lieblings-Nein: Die Bedeutung reicht von: »Das ist jetzt aber richtig peinlich!« bis zu »Sie beschämen mich!«. Grund genug, sich als Fragender deswegen auch ein bisschen schlecht zu fühlen und nicht weiter nachzuhaken. Am ehesten lässt sich dieser Ausdruck mit dem englischen »embarrassing« übersetzen.

Als Konkurrent außer der Reihe darf auch das verständnisvolle, Hoffnungen weckende *kǎolü kǎolü* 考虑考虑 oder *yanjiu yanjiu* 研究研究 nicht fehlen: »Da müssen wir mal nachdenken ...« bzw. »Wir müssen das Ganze ein wenig studieren ...« hat bisher noch jeden Ausländer aufs Glatteis geführt. Denn eigentlich klingt das doch gar nicht so schlecht. Während Sie diese Zeilen lesen, sitzen irgendwo in China mindestens zwei deutsche Geschäftsreisende, die soeben mit diesen Worten abgespeist wurden und sich nun händereibend der Vorfreude hingeben: »Herr Wang muss sich bestimmt nur noch bei seinem Vorgesetzten absichern.« Pustekuchen!

Ähnlich verführerisch sind die Ausdrücke *hái bùcuò* 还不错 (gar nicht so schlecht), *hái hǎo* 还好 (ganz o. k.) und *hái kěyǐ* 还可以 (scheint o. k.) oder *hái xíng* 还行 (geht schon, wenn's denn sein muss). Allerdings tragen auch sie alle eine leicht negative Färbung: Knapp daneben ist eben auch vorbei.

Bei der intensiven Betrachtung des Nein geht übrigens eine viel interessantere Tatsache völlig unter: Chinesen kennen zwar das Nein nur in verklausulierter Form – aber definitiv kein Ja! Offensichtlich haben die Menschen dieser Kultur nur selten das Bedürfnis, Fragen bedingungslos und ohne Wenn und Aber zu bejahen. Anstelle einer einfachen Kurzform, wie es sie in fast allen Sprachen gibt, tritt im Chinesischen eine Konstruktion, in der der Antwortende das Verb wiederholt. Auf die Frage: »Hast du das Buch gelesen?«, sagt man also »Gelesen« oder »Nicht gelesen«. Ein anderes Beispiel ist die Frage: »Willst du was essen?«, die mit »Will« oder »Will nicht« beantwortet wird.

Bedienen sich Chinesen eines englischen »Yes« ist die Bedeutung daher auch eine völlig andere, als wenn wir Westler dies tun. Yes bedeutet für Chinesen einfach nur: »Ich habe es gehört.« Was natürlich kein bisschen mit Einverständnis oder gar Zugeständnis zu tun hat. Weil das »Yes« Ausländer immer so glücklich macht, benutzt man es in China trotzdem gerne und oft.

Ein typischer interkultureller und auf Englisch geführter Dialog in einem Restaurant geht so:

»Haben Sie Fisch?«

»Yes!«

»Ist er auch frisch?«

»Yes.«

»Um welche Sorte Fisch handelt es sich denn?«

»Yes.«

Spätestens jetzt dämmert dem Gast, dass er am besten irgendetwas von der Speisekarte bestellen sollte, was sich mit einem Fingerzeig eindeutig festlegen lässt, und dass der allgemeine Wert eines »Yes« eher gering ist.

Eine andere Variante ist die Yes-Falle in internationalen Verhandlungen:

»Klappt das mit dem Liefertermin?«

»Yes.«

»Oder sollen wir ihn lieber verschieben?«

»Yes.«

»Ja, was denn nun?«

»Yes.«

Kenner fragen daher ihre chinesischen Geschäftspartner vorsichtshalber in allen Satzbauvarianten und stellen niemals Fragen, die sich einfach mit Ja oder Nein beantworten lassen.

Dummerweise scheint man in China jedoch eines noch mehr zu fürchten als das klare Ja oder Nein: Die peinliche Situation, eine Frage am Ende nicht beantworten zu können, zieht unweigerlich einen Gesichtsverlust nach sich. Fragen wie: »In welche Richtung liegt bitte der Bahnhof?« oder »Können Sie mir bitte sagen, wo ich ein Taxi finde?« werden daher oft mit einer diffusen Handbewegung à la: »Hier lang« oder »Nach da« beantwortet. Und der Ausländer läuft. Lange und ausdauernd, bis ihm dämmert, dass die Antwort vielleicht doch nicht so ganz korrekt war.

Kenner, also Menschen, die diesem Trick schon gefühlte hundert Mal aufgesessen sind, entwickeln den analytischen Blick, der anhand ausweichender Augenbewegungen oder besonders fahriger Gesten die Nichtwisser entlarven. Im Zweifel empfiehlt sich, bei wichtigen Richtungsangaben mindestens fünf voneinander unabhängige Passanten zu befragen, um eine empirisch auswertbare Datenmenge zu erhalten.

Sie halten das für übertrieben? Dann warten Sie mal, bis Sie der erste Chinese in der Mittagshitze eines prallen Augusttages samt schwerem Rucksack an den Stadtrand schickt ...

Allerdings muss ich zugeben: Chinesen sind in dieser Disziplin nicht ganz ohne Konkurrenz. Auf die Frage, wo ich mich denn nun auf dem Stadtplan von Bangkok genau befände, fand vor einigen Jahren ein innovativer Thailänder eine ganz besonders schöne Antwort, die sowohl ehrlich als auch gesichtswahrend war. Nach einigen Bedenkminuten mit gerunzelter Stirn, drehte er den Stadtplan kurzerhand um, betrachtete die dort abgebildete Thailandkarte und deutete triumphierend auf Bangkok. Na immerhin.

手机王国

RUF! MICH! AN!

**Es kann lebensgefährlich sein, in einem
Handyladen zu arbeiten**

**Warum Demonstranten und Dissidenten immer
ohne Telefon unterwegs sein sollten**

Chinesen haben nicht fünf sondern sechs Sinnesorgane:
Augen, Ohren, Haut, Nase, Zunge und Handy. Oft scheint das
Handy sogar die wichtigste Verbindung zwischen Seele und
Außenwelt. Wozu sprechen, wenn man sich doch eine SMS
schicken kann? Auch wenn man im Volkspark direkt nebeneinander auf der gleichen Bank sitzt. Am Steuer, in der U-Bahn,
beim Bummel über die Einkaufsstraße, abends im Bett: Ohne
die beruhigende Nähe des kleinen leuchtenden Bildschirms
fühlen sich die meisten Chinesen verloren. Sicherheitshin-
weise, wie beispielsweise die Ermahnung, doch im Flugzeug
bitte alle elektronischen Geräte ausgeschaltet zu lassen, werden geflissentlich ignoriert. Ganz nebenbei erbringt man in
China seit Jahren den empirischen Beweis, dass Telefonate
während Start und Landung wohl doch nicht zum Absturz
führen – sämtliche chinesischen Flugzeuge wären nämlich
sonst längst vom Himmel gefallen. Dennoch hinterlässt es ein
mulmiges Gefühl, wenn die chinesischen Passagiere bei In-
landsflügen nach der Landeansage synchron ihr Handy aus

der Tasche ziehen, um schnell schon mal zu Hause die baldige Ankunft anzukündigen, während die Stewardess gelangweilt zuschaut. Wahrscheinlich ist sie einfach abgebrüht – Handys gehören schlicht zum Alltag.

Menschen, die sich wild gestikulierend und vor sich hin schimpfend den Weg durch die Menschenmengen der Shanghaier Huaihai Lu drängeln, sind nicht verrückt, sondern viel beschäftigt und nutzen den Weg zum Restaurant noch schnell für ein Audio-Meeting. Unschicklich ist das nicht: Wenn das Handy klingelt (Achtung, vielleicht ein wichtiger Anruf!) oder piepst (SMS! Unbedingt sofort lesen!), dann muss alles zurückstehen. Selbst Ärzte lassen da schon mal das Stethoskop fallen oder unterbrechen eine Therapiesitzung, frei nach dem Motto: »Bitte erzählen Sie mir Ihre Traumata gleich weiter, ich geh' nur mal schnell dran.« Und die Patienten finden es normal.

Dem Westler geraten die Dauertelefonierer jedoch irgendwie immer zwischen die Füße. So berichten Teilnehmer des Shanghai-Marathons oft von der Stolperfalle »Handy-Fotografierer«. Diese freilich stammen nicht aus dem Publikum rechts und links der Strecke, nein, es sind die Läufer selbst, die unterwegs einen kurzen Sprint einlegen, um dann in einer raschen Kehrtwende den auf sie einstürmenden Pulk von Läufern abzulichten. Andere bleiben abrupt stehen, um sich selbst schnell noch einmal vor dem Hintergrund der Mitläufer vorteilhaft in Szene zu setzen, bevor die angestrengt rote Gesichtsfarbe einsetzt – Zielfotos sind ja schließlich wirklich nicht vorzeigbar. Wieder andere simsen unterwegs aus dem Dauerlauf heraus mit ihren Freunden: »Renne gerade den Marathon, bin bei Kilometer drei. Muss Schluss machen.« Wo sonst, außer in China, käme man in solch einer Situation mit dem Leben davon?

Selbstverständlich ist der Einsatz von Handys während des Marathons untersagt. Theoretisch. Doch selbst die Veranstalter scheinen nicht so recht an ihr eigenes Verbot zu glauben, denn alle Kommunikation und Information läuft grundsätzlich via SMS bis kurz vor dem Start des Laufs, einem Zeitpunkt, zu dem längst alle elektronischen Geräte sicher verstaut sein sollten.

Besserung ist nicht in Sicht. Rein statistisch gesehen scheinen Chinesen noch vor der Rassel zum Handy zu greifen: Rund eine Milliarde Handybesitzer gab es Anfang 2012 (zum Vergleich: 1998 waren es noch 13 Millionen!). Damit dürfte jeder, der groß genug ist, ein mobiles Telefon zu halten, auch wirklich eines haben. In der Tat sind Handys weitverbreitet. Anders als in Deutschland, wo man auf dem Land durchaus noch stirnrunzelnde Auswärtige mit hoch erhobenem Handy auf Hügeln stehen sehen kann – irgendwo muss der Empfang doch möglich sein! – hat in China jeder noch so abgelegene Weiler vollen Handyanschluss. Selbst Regionen, die so fernab der Städte liegen, dass sogar heute noch Ausländer mit offenem Mund angestarrt werden (eine Situation, die ich seit den 1990ern ausgestorben glaubte), sind telefonisch voll vernetzt. Versprochen! Der Beweis folgt im Handumdrehen, denn die Dorfbevölkerung muss nun nicht mehr möglichst lange hinschauen, um die seltsame Langnase zu verinnerlichen, sondern zückt auch gleich noch die Handykamera für eine schnelle Aufnahme des denkwürdigen Moments.

In Anbetracht dieser Handymanie wundert es nicht, dass die Einführung neuer Handymodelle immer wieder zu Tumulten führt. Ganz vorne dabei zu sein und das neueste Modell aus der Tasche zu lupfen, ist quasi Pflicht für alle, die etwas auf sich halten. Zum Verkaufsstart des neuen iPhone 4S im Januar 2012 jedenfalls bekamen die Angestellten des Pekinger Apple Stores im Sanlitun-Viertel angesichts der enormen Menschenmengen vor der Tür kalte Füße und weigerten sich, den Laden zu öffnen. »Um die Sicherheit unserer Mitarbeiter und Kunden sicherzustellen, werden in unseren Verlaufsläden in Peking und Shanghai vorerst keine iPhones zur Verfügung stehen«, ließ Apple später verlauten. Bei den Wartenden kam diese Vorsichtsmaßnahme nicht gut an: Tausende potenzielle Käufer hatten sich vor dem Laden die eisig kalte Winternacht um die Ohren geschlagen, um eines der neuen iPhones zu ergattern. Viele von ihnen waren zudem von Schwarzmarkthändlern angeheuert worden, die damit die Abgabebeschränkung von zwei Handys pro Person umgehen wollten. Das Areal musste von der Polizei geräumt werden. Unter Mühen. Denn während man sich in China beim Recht auf Versammlungsfreiheit vielleicht den Schneid abkaufen lässt, hört der Spaß beim Handy auf. Die Angst der Angestellten des Apple Stores war übrigens nicht unbegründet: Erst im Mai 2011 hatte es beim Ansturm auf das iPad 2 Verletzte und Scherben gegeben.

Man muss dazusagen: Für viele ist das Handy in der Tat die einzige regelmäßige Verbindung zum sozialen Umfeld. Die chinesische Arbeitswelt ist schnelllebig und vor allem die rund 250 Millionen Wanderarbeiter wechseln Jobs und Wohnung in einer Frequenz, mit der andere ihre Socken waschen. Heute hier, morgen da, natürlich immer in billigen Schlafsälen ohne Telefon, da wird das Handy allemal zur wichtigsten Kontaktmöglichkeit. Und wehe dem, der sein Handy verliert – oft ist damit auch der Freundeskreis weg. Denn wer kann sich schon all die wechselnden Arbeitgeber und Adressen merken?

Manchmal bekommt das Handy auch eine politische Note. Zum Beispiel, wenn es um die Unzufriedenheit der Arbeitskräfte geht. Immer wieder kommt es in Südchina zu Protesten: Mal geht es um Löhne, mal um Kündigungen oder Arbeitszeiten, mal sind es die Lebensumstände in den Schlafsälen der Fabriken, die letztlich die Menschen auf die Straße treiben.

Wann, wo und wie protestiert werden soll, wird natürlich per Handy kommuniziert.

Kein Wunder, dass sich auch die Regierung für die Daten der Handynutzer interessiert. So meldeten die Medien im März 2011, bald schon sollten alle Pekinger Handybesitzer (sofern sie über diese Technologie verfügen) via GPS, der

Lokalisierung via Satellit, geortet und verfolgt werden. Mit rund 35 Prozent (Stand Januar 2012) darf sich China immerhin über den weltweit drittgrößten Anteil an Smartphone-Besitzern freuen. Und die sind allemal mit GPS ausgestattet. Was aus dieser Idee wurde, versickerte in den Medien. Doch man darf getrost davon ausgehen, dass sie in der Zwischenzeit still und heimlich umgesetzt wurde. Ganz offiziell ging es natürlich nicht um die Kontrolle illegaler Demonstrationen, sondern um die Verkehrsplanung, die zugegebenermaßen in Peking etwas Aufmerksamkeit verkraften könnte. Genauso praktisch ist diese Methode, um den Aufenthaltsort oder gar das Sozialleben diverser Dissidenten zu kontrollieren – es ist ja schon interessant, wer sich zeitgleich im selben Restaurant aufhält! Bereits heute lässt sich eine feste SIM-Karte nur mit Registrierung erwerben. Wer mit einer Prepaidkarte ins Ausland telefonieren will, muss sich ebenfalls in einem der Telefonläden ausweisen.

Daher empfiehlt es sich vielleicht doch, das Handy in China nur für profane Dinge zu nutzen. Zum Shoppen zum Beispiel. Doch sogar das bekommt in diesem Land eine wahrhaft futuristische Note.

Das Online-Shopping-Portal Yihaodian, dessen Angebot vom Haarshampoo bis zum Flugticket reicht, ließ im August 2011 in rund 70 U-Bahn-Stationen von Shanghai virtuelle Supermärkte an die Wand kleben. Das Prinzip war einfach: Anstatt die Waren aus dem nur abgebildeten Regal zu nehmen, scannten die Kunden per Handykamera einfach den Code des gewünschten Artikels. Die damit ausgelösten Bestellungen wurden innerhalb von 24 Stunden geliefert. Auch wenn diese Plakatsupermärkte nur wenige Tage als Werbegag existierten, so sind sie doch ein realer Ausblick auf die Zukunft in China. Verglichen mit China wirkt Deutschland in puncto Technikfreundlichkeit und Flexibilität geradezu wie ein Seniorenheim.

世界最大的裤衩

HÖHER, SCHNELLER, WEITER

1,3 Milliarden haben immer recht

Mehr ist besser. Immer!

Chinas ist das Land der Superlative: Nur das Größte, Höchste und Schnellste ist gut genug für das Reich der Mitte. Architektonisch und wirtschaftlich lässt es China allemal krachen – Exportweltmeister, die größten Devisenreserven der Welt und die zweitgrößte Volkswirtschaft der Welt, gar nicht zu reden von diversen höchsten, längsten, größten Bauten. Auf den ersten Blick ist das durchaus beeindruckend: Dass ein einst so armes Land heute den Westen mühelos in den Schatten stellt!

Andererseits: Mit Statistiken protzen, das ist ein bisschen wie schummeln, denn im Schlepptau des unschlagbaren Superlativs des bevölkerungsreichsten Landes der Welt ergibt sich manch eine andere Rekordzahl ganz von selbst: 1,3 Milliarden Menschen haben statistisch gesehen immer recht. Bestenfalls Indien mit 1,2 Milliarden Menschen hat eine reelle Chance, auf diesem Gebiet aufzuholen.

Superlative wie »die meisten Millionenstädte der Welt« oder »die höchste Einwohnerdichte der Welt« (wie sie gerne dem einen oder anderen Stadtgebiet zugesprochen wird) ergeben sich dann von selbst. Wo bitte sollen die vielen Menschen denn auch leben? Auch die größten Devisenreserven der Welt von rund 3200 Milliarden US-Dollar (Stand 2012) und die Exportzahlen beziehungsweise das Volumen der zweitgrößten Volkswirtschaft der Welt sind weniger imposant, rechnet man sie auf die Einwohner um.

Historisch ist der Hang zur Größe nicht neu: Schon der erste Kaiser Qin Shihuangdi, der China im Jahre 221 v. Chr. einte und damit die Grundlage für den heutigen Staat legte, ließ sich nicht lumpen. Dank seines ungebremsten Größenwahnsinns haben Chinas Megalomane heute ein Vorbild, das sich nur schwer einholen lässt. Von der gigantischen Tonarmee, die ihm die Herrschaft auch im Jenseits sichern sollte, bis zur verwegenen Idee, China einfach mit einer Mauer gegen die kriegerischen Nachbarn im Norden zu schützen (und damit den Bau des bisher längsten Bauwerks der Menschheit anzustoßen), bis zur wahrscheinlich weltweit ersten ISO-Norm in Sachen Gewichte, Schriften und Längenmaße: Qin Shihuangdi setzte derart megalomane Maßstäbe, dass sogar Mao Zedong keinen Hehl aus seiner Bewunderung für den unbescheidenen Vorgänger machte. Beliebt war Qin Shihuangdi allerdings nicht, und die Herrschaft seiner Dynastie dauerte nicht einmal 15 Jahre. Aber das steht auf einem anderen Blatt.

Auch in der späteren Geschichte glänzt China mit allerhand Superlativen: Der Pekinger Platz des Himmlischen Friedens, angelegt im Jahre 1651 und dann wiederholt vergrößert, ist natürlich der größte innerstädtische Platz der Welt, genauso wie der Große Buddha von Leshan in der Provinz Sichuan seit gut 1200 Jahren mit 71 mal 28 Metern den Rekord als größte Steinstatue der Welt hält.

Auch die größte Stadt der Welt lag lange in China: Chang'an, das heutige Xi'an, dürfte als Endstation der Seidenstraße mit rund einer Million Einwohner zur Zeit der Tang-Dynastie (618 – 907) die Metropole Asiens schlechthin gewesen sein.

Die heute vermeintlich weltgrößte Metropole Chongqing ist allerdings eine Mogelpackung, die durch eine extrem großzügige Eingemeindung zustande kam: Mit diesem Trick gelang es, die Einwohnerzahl von einem Tag auf den anderen von acht Millionen auf 32 Millionen zu erhöhen. Wirklich gigantisch ist dagegen das aktuelle Projekt, den Ballungsraum des Perlflussdeltas mit den Städten Guangzhou, Shenzhen, Foshan, Dongguan, Zhongshan, Zhuhai, Jiangmen, Huizhou und Zhaoqing bis 2017 in eine riesige Stadt mit 42 Millionen Einwohnern zu verwandeln.

Das heutige Bedürfnis nach immer neuen Superlativen befriedigt wohl vor allem den chinesischen Zwang, den Rest der Welt irgendwie übertrumpfen zu müssen, und ergänzt sich prima mit der grundlegenden Haltung der Neureichen: Bescheidenheit lohnt sowieso nicht. Warum dezent auftreten, wenn man der Welt seinen neuen Reichtum genauso gut entgegenschreien kann?

So liest sich die folgende Liste der architektonischen Superlative nicht schlecht und wird geradezu täglich aktualisiert, wobei sich gerade auch westliche Stararchitekten besonders gerne in China austoben. Projekte, die in Europa jahrelange Genehmigungsverfahren, drei Bürgerinitiativen und die Umsiedlung eines Wasseramsel-Brutgebiets hinter sich bringen müssten, werden in China so schnell aus dem Boden gestampft, dass selbst den Anliegern vom Hinschauen schwindelig wird. Wenn es denn welche gibt. Manchmal gehen die schönsten Projekte vor die Hunde, weil die Menschen einfach kein Einsehen haben. Die Stadt Kangbashi in der Inneren Mongolei zum Beispiel: Neu, modern, direkt vom Reißbrett errichtet für mindestens 300 000 Menschen. Das Dumme ist: Keiner will dort wohnen. Nicht einmal 5000 Bewohner hat Kangbashi derzeit, obwohl durchaus etliche der Wohnungen verkauft wurden – als Wertanlage.

Allerdings gibt es zum Ausgleich genügend erfolgreiche Mega-Bauprojekte:

Die Hangzhou Bay Bridge

Seit dem 1. Mai 2008 ist die 36 Kilometer lange und damit weltweit längste Brücke übers Meer für den Verkehr freigegeben. Sie verbindet Shanghai mit der Hafenstadt Ningbo und liegt im Durchschnitt 62 Meter über dem Meeresspiegel, sodass auch mehrgeschossige Containerschiffe die Brücke problemlos unterqueren können. Auch die Kosten von rund 1,4 Milliarden Euro sind aufsehenerregend.

Der Guangzhou Tower

Seinen Superlativ als höchster Fernsehturm der Welt verlor der 600 Meter hohe Guangzhou Tower zwar innerhalb von wenigen Monaten nach Bauende im März 2011 an den Tokyo Sky Tree Tower, eine architektonische Meisterleistung ist er dennoch. Und weil man in Kanton stolz darauf ist, kann man ihn auf 459 Metern Höhe sogar mit gläsernen Aussichtskabinen von außen umrunden – eine gute Gelegenheit zur Panikattacke.

CCTV Tower Peking

Zwei schlanke, steile Türme, die jeweils oben und unten mit zwei rechtwinkeligen Ecken verbunden sind: Keine Frage, der CCTV Tower ist eine statische Meisterleistung und erweckt irgendwie den Eindruck, er könnte jeden Moment umkippen. Die Pekinger betrachten ihn dennoch ohne Ehrfurcht: Im Volksmund ist er auch als »große Unterhose« *dà kùchǎ* 大裤衩 bekannt. Für die Stadtbehörden ein unhaltbarer Zustand, sodass offiziell nach einem neuen Spitznamen gesucht wurde. Eine Zeit lang schien sich in den Medien »Fenster des Wissens« 智窗, *zhìchuāng* durchzusetzen – bis die Pekinger daran erinnerten, dass *zhìchuāng* (allerdings in anderer Schreibweise 痔疮) auch Hämorriden bedeuten kann – was ja irgendwie auch zur Form des Turms passe. Ohnehin schien die mediale Aufmerksamkeit dem Gebäude nicht gutzutun: Aus einer bestimmten Perspektive betrachtet und im Zusammenspiel mit den umgebenden Wolkenkratzern fühlten sich viele Pekinger an Genitalien erinnert. Der Architekt Rem Kohlhaas versicherte zwar recht glaubwürdig, dass er natürlich keinerlei Hintergedanken gehabt habe, was die Diskussion in Peking allerdings nur noch ein wenig mehr anfeuerte: Kohlhaas habe »1,3 Milliarden Menschen verarscht« und »Abreißen!« hieß es in diversen Internetforen. Die Zeitung *Xinmin Wanbao* wiederum verglich das Gebäude mit einer gigantischen Toilette. Damit bekommt das Gebäude zumindest den Superlativ der umstrittensten Unterhose der Welt.

Der Shanghai World Financial Center

Im Vergleich zu den medialen Wirrungen des CCTV Towers ist der Shanghaier World Financial Center mit seinen 492 Metern Höhe geradezu bieder. Zu einem Spitznamen reichte es aber dennoch: Eine Windöffnung an der Spitze des Turms brachte Chinas zweithöchstem Gebäude den Beinamen Flaschenöffner ein. Eine der größten Herausforderungen beim Bau derartiger Türme ist übrigens der Shanghaier Untergrund. Bereits jetzt gibt der sandige Schwemmboden am Bund jedes Jahr 1,2 bis 3 Zentimeter nach, sodass er mit Wasser stabilisiert werden muss.

Der Dreischluchtendamm

Muss man ihn noch beschreiben? Kaum ein Bauwerk hat jemals so viel Aufmerksamkeit bekommen, wie dieser Staudamm am Mittellauf des Yangzi. Egal, was man davon hält, architektonisch ist er eine gigantische Leistung: Mit einer Höhe von 185 Metern und einem Gesamtstauvolumen von 39,3 Milliarden Kubikmetern gehört er zu Weltklasse. Wenn er denn hält. Sollte er bei einem Erdbeben oder einer anderen Katastrophe beschädigt werden, dürfte auch dies weltbewegende Folgen bis zum Yangzi-Delta haben.

Die höchste Eisenbahn der Welt
Die fast 2000 Kilometer lange Trasse führt von Xining in der Provinz Qinghai nach Lhasa und rühmt sich gleich dreier Rekorde: Sie ist nicht nur die höchste Eisenbahnstrecke der Welt, sondern hat auch mit Tanggula auf 5068 Metern den höchstgelegene Bahnhof der Welt und den höchstgelegenen Tunnel der Welt.

Die höchste Brücke der Welt
Menschen mit Höhenangst finden ihre ultimative Herausforderung in der Provinz Hubei. Hier überquert die Siduhe-Brücke das Tal des gleichnamigen Flusses 472 m über dem Flussbett. Ob sie einen Spitznamen bekommen hat, weiß niemand: Sie ist so abgelegen, dass wahrscheinlich einfach noch kein Journalist da war.

Weniger stolz als auf die architektonischen Meisterleistungen ist man in China auf den Rekord in Sachen Plagiate. Neben den üblichen Kopien aus dem Bereich der Industrie und dem Produktdesign gibt es hier noch andere spannende Bereiche, die sonst nur wenig erwähnt werden. Zum Beispiel die Künstlerkolonie Dafen. Hier werden quasi in Fließbandarbeit Gemälde kopiert. Gut die Hälfte aller kopierten Ölbilder weltweit soll aus den mehr als 300 Ateliers der Stadt nahe Shenzhen stammen!

Weniger bescheidene Organisatoren kopieren nicht nur Leinwände, sondern gleich ganze Städte. Während German Town Anting nahe Shanghai oder British Town nahe Chengdu immerhin noch komplett neu entworfen wurden und man nur den Stil der Vorbilder mehr oder minder gut kopiert hat, soll das österreichische Hallstatt noch einmal komplett in China erstehen. Originalgetreu und zum großen Erstaunen der Bewohner des echten Hallstadt, die von diesem Projekt erst im Sommer 2011 aus der Zeitung erfuhren.

Das Potenzial zum ganz großen Kracher wiederum hat die

Stadt Liuyang im Nordosten der chinesischen Provinz Hunan. Hier werden in rund 1700 Handwerksbetrieben und Fabriken zwei Drittel aller Feuerwerkskörper weltweit hergestellt – ein wirklich explosiver Superlativ! Schon vor rund 1400 Jahren soll hier der Mönch Li Tian mit Schießpulver gezündelt und dabei das Feuerwerk erfunden haben. Dass sich gerade diese Gegend besonders eignet, hat auch geografische Gründe: In den engen Spalten des zerklüfteten Gebirges lassen sich die Fabrikationsstätten gut trennen. Sprengt sich einer der Hersteller versehentlich in die Luft, so bleiben zumindest die anderen verschont.

Betrachtet man Chinas Megabauwerke und andere Superlative schleicht sich schon hier und da der Gedanke ein: Wäre es nicht besser gewesen, man hätte das viele Geld für einen noch höheren Wolkenkratzer in eines der bettelarmen Dörfer im Landesinneren investiert? In Schulen für die Wanderarbeiterkinder? In saubere und bezahlbare Kliniken in den Hinterlandstädten, in die nie ein wichtiger Besucher einen Fuß setzt? Oder vielleicht einfach in bessere Arbeitsbedingungen, zum Beispiel in den Bergwerken?

Leider glänzt China nämlich nicht nur mit architektonischen Höchstleistungen, sondern auch mit der höchsten Zahl tödlicher Arbeitsunfälle weltweit, davon allein 10 000 jedes Jahr im Bergbau.

中国旅游

UNTERWEGS IM REICH DER VIELEN

On the Road im Schlafanzug

Die Feinheiten der chinesischen Sockenmode

Kaum hat die Air-China-Maschine von Frankfurt nach Peking abgehoben, vollzieht sich eine wundersame Wandlung. Aus chinesischen Geschäftsleuten, Reisegruppen und Pärchen auf Hochzeitreise wird eine lustige Pyjamaparty in Badeschlappen. Ab einer Reisedauer von sechs Stunden scheint es in China (oder auf dem Weg dorthin) unablässlich, in bequeme Kleidung zu wechseln. Am besten in den Schlafanzug – falls einen unterwegs mal die Müdigkeit übermannt. Obwohl ein Flugzeug voller Chinesen nicht wirklich als erste Assoziation das Wort »Schlaf« auslöst. Reisen macht Spaß, und da muss man sich stundenlang über drei Sitzreihen hinweg unterhalten, würfeln oder lautstark Witze erzählen, zwischendrin einen mitgebrachten Döner auspacken – nur für den Fall, dass die Bordverpflegung nicht ausreicht – und ausgiebig Tiger Balm oder andere traditionelle Kräuterpasten verschmieren, die die Reisekrankheit im Zaum halten sollen. All jene, die sich den Pyjama-Reflex verkneifen, gönnen sich zumindest bequeme Schlappen, die wenig später überall im Flugzeug zu finden sind und vor dem Aussteigen für Hektik sorgen – wo ist eigentlich mein rechter Hausschuh, haben Sie den vielleicht eingepackt?

Kurz vor der Landung füllen sich die Gänge mit die Arme und Beine schwingenden Chinesen: Einige Streck- und Lockerungsübungen helfen, wieder in Form zu kommen für die große Rausdrängel-»Lasst-mich-durch-ich-habs-eilig«-Party, die beginnt, sobald das Flugzeug den Boden berührt hat.

An das Drängeln sollte man sich übrigens gleich gewöhnen und zu Hause schon mal ein wenig in der U-Bahn-Rushhour einer Großstadt üben. Denn: Drängeln ist Nationalsport in China. Warum dies so ist, ist eine Frage, die bisher nicht ausreichend geklärt werden konnte. Ist es die sportliche Ader? Die unbändige Lebensfreude? Sind es unterdrückte Aggressionen? Oder haben die Chinesen seit 1949 einfach eine akkumulierte Überdosis sozialistischen Schlangestehens abbekommen? Andererseits kann ich mich wahrlich nicht erinnern, je eine ordentliche Schlage erlebt zu haben, auch nicht in den 1990ern – zumindest keine, die nicht nach wenigen Minuten nicht mehr nach der Reihenfolge der Ankunft, sondern nach körperlicher Stärke oder politischen Kriterien sortiert war. Gerade deshalb war es auch für Ausländer lange Zeit unerlässlich, lästige Regeln beim Anstehen sofort über Bord zu werfen. Für mich war es so weit, als ich ein erstes und zugleich auch letztes Mal einer wackeligen Seniorin an der Bustür den Vortritt überlassen hatte und dafür mit einem gezielten Handtaschenschlag ins Gesicht aus dem Weg geräumt worden war (wahrscheinlich, um sicherzugehen, dass ich es mir nicht noch einmal anders überlege). Ausländische Veteranen, die China bereits im ersten Jahrzehnt der Öffnungspolitik bereist haben, erkennt man an den Kampfgeschichten, die heute völlig unglaubwürdig klingen. Bis Mitte der 1990er war der simple Kauf einer Fahrkarte eine so aufregende Geschichte, dass man eigentlich gar nicht mehr wegfahren musste, um etwas zu erleben. Zugtickets wurden in den prä-digitalen Zeiten nämlich genau zwei Tage vor Abfahrt des Zuges auf den Markt gebracht. Schon morgens um fünf drängelten sich missmutige potenzielle Reisende scharenweise vor den noch geschlossenen Schaltern. Nach stundenlangem Warten und Geschubse, lautstarken Streits zwischen den Wartenden und den wiederholten Versuchen einiger mutiger Irrer, sich an das vordere Ende der Schlange zu mogeln, hieß es blitzschnell das Ticket an sich zu reißen und in einer Art »Spiel ohne Grenzen« die nächste Station anzugehen: Mit dem Ticket zum Reservierungsschalter galoppieren, möglichst unter Ausschaltung diverser Konkurrenten. Es ist nicht übertrieben, wenn ich sage: Jedes Zugticket kostete mich einige Knöpfe und hinterließ blaue Flecken.

Wie schnell Chinesen sein können, wenn es um einen Sitzplatz geht, stelle ich auch heute noch in Bus und U-Bahn fest: Immer wieder setze ich mich in China versehentlich auf den Schoß eines mir unbekannten Passagiers. Nicht weil man Chinesen so leicht übersieht, sondern weil die halbe Sekunde zwischen erstem Hüftknick und Sitzkontakt für einen Chinesen meist reicht, um schnell noch dazwischenzuflutschen.

In Sachen Zugticket geht es heute freilich etwas manierlicher zu: Fahrkarten lassen sich nicht nur weit im Voraus reservieren, auch die Zahl der Züge ist mittlerweile so groß, dass es selten Engpässe gibt. Eines jedoch ist geblieben: Auch heute mag es in China offenbar niemand so recht glauben, dass eine Platzreservierung wirklich und ehrlich einen Platz garantiert. Vielleicht liegt es daran, dass Chinesen grundsätzlich mit der maximal tragbaren Anzahl an Gepäckstücken reisen – und damit seltsamerweise auch bei strengen Fluggesellschaften fast immer durchkommen! –, die allesamt in den Gepäckfächern verstaut werden müssen. Pech für den Nachzügler, der in Reihe 20 sitzt, während sein Gepäck über Reihe 40 eine kleine Lücke gefunden hat, oder dessen Koffer im Zug im Zwischenabteil gestapelt werden müssen.

Geblieben sind auch die überwältigenden Menschenmengen an den Bahnhöfen: Dicht besiedelte Universen, die selbst mitten in der Nacht mehr Menschen beherbergen, als eine deutsche Kleinstadt. Kein Wunder, dass die Bahnsteige grundsätzlich geschlossen sind und erst geöffnet werden, wenn der Zug bereits am Gleis steht, während die Reisenden derweil in nach Zügen getrennten Wartehallen auf den Einsatz warten. Schlagartig verwandeln sich die wartenden Menschenmengen dann in einen schiebenden und drängelnden Pulk, der allen Trillerpfeifen und Ordnern zum Trotz mit unglaublicher Geschwindigkeit in Richtung Bahnsteig quillt.

Im Zug selbst bieten sich dem Reisenden vier Möglichkeiten: Soft-Seater- und Hard-Seater-Abteile, deren Name Programm ist. Auf Langstrecken – und in China stellt sich noch die vermeintlich kürzeste Strecke als Langstrecke heraus, weil dieses Land einfach so riesig ist – kommen noch Soft Sleeper und Hard Sleeper dazu.

Der *Soft Sleeper* ist die luxuriöseste Variante und besteht aus vier Betten, jeweils zwei übereinander, mit weicher Matratze, Bettzeug und Teppichboden in einem abgeschlossenen Abteil. In der »weichen« Klasse reist das wohlhabende Publikum, das bei dem Anblick eines Ausländers nicht mehr in Laowai-Ausrufe verfällt und nicht unbedingt den klassischen Fragenkatalog loswerden muss. Genau die richtige Klasse also für alle, die endlich in Ruhe lesen oder tagträumen möchten.

Einzelreisende mit Asienerfahrung langweilen sich jedoch mitunter und wechseln freiwillig in die harte Klasse. Jeweils sechs Betten stehen sich hier gegenüber, wobei die Front zum Gang offen ist. Spätestens ab sechs Uhr früh ist im *Hart Sleeper* die Hölle los: Pekingoper bis die Lautsprecher krachen, lautstarke Unterhaltungen und ein permanentes Kommen und Gehen halten alle auf Trab. Wer sich für den Hard Sleeper entscheidet, bekommt nicht nur eine harte Pritsche sondern auch eine gratis Kontaktbörse dazu. Schon weil es allen anderen dreitausend Mitreisenden ein völliges Rätsel ist, warum sich der reiche Westler keinen Soft Sleeper leistet.

Ein besonderes Bonbon sei hier nicht unerwähnt: Die Zugreise im Schlafwagen, egal welcher Klasse, ist auch eine einmalige Gelegenheit, sich den Feinheiten der chinesischen

Sockenmode zu widmen. Vor allem für all jene, die die untere Liege erwischt haben, ergeben sich viele Gelegenheiten, die vor der Nase baumelnden Füße des Liegeninhabers im oberen Stockwerk zu studieren: auberginefarbene Strümpfe mit Lochmuster, hautfarbene Nylons in Glanzoptik, lustige Söckchen mit Comicfiguren und verspielter Abschlussborte. Und das sind nur die Männer!

Parallel ergibt sich die Gelegenheit auf unklimatisierten Strecken fernab der reichen Provinzen mit dem *bangye* 榜 爷 (auch »Peking-Bikini« genannt) Bekanntschaft zu schließen: Wörtlich übersetzt bedeutet *bangye* »sich zur Schau stellende Großväter«. Und genau das ist es auch: Sobald es heiß ist, verspüren die meisten Männer über 50 das dringende Bedürfnis, das Hemd bis unter die Achseln hochzurollen. Hardcore-Vertreter dieser Spezies krempeln parallel auch die Hosen hoch bis zum Knie. Die formvollendete Kür ist das dazu passende rhythmische Schlagen auf den Bauch – ein Geräusch, das der Reisende schnell mit China zu assoziieren lernt.

All dies zeigt: China ist kompliziert, aber nicht furchterregend. Dass jedes Jahr nicht nur viele nach China aufbrechen, sondern auch wieder zurückkommen, beweist: Man kann China gut bereisen. Auch alleine, ohne Reiseleiter und Reisebus, ohne Vorreservierungen und die Sicherheit einer Gruppe. Dies natürlich nur, wenn man sich mit dem Status als Analphabet abfinden kann und die Ruhe und Gelassenheit mitbringt, die es einen verschmerzen lassen, dass der Bus mal wieder ganz woanders hinfährt als gedacht. In Shanghai, Guangzhou oder Peking wird der Reisende in dieser Hinsicht noch in Sicherheit gewiegt: Alles zweisprachig hier, wie lobenswert! Schwieriger wird es im Hinterland, wo mit einem Male kein einziger sinnvoller lateinischer Buchstabe mehr zu finden ist (abgesehen von einigen irren T-Shirt-Sprüchen der Marke »Whenthesun goesdown I will the ssing oh Yea«) und auch kein einziger Mensch, der sich auf Englisch nur rudimentär verständigen könnte.

Allerdings ist es oft gar nicht so einfach, ins Hinterland zu gelangen. China mag es, wenn sich Touristen an die ihnen vorgegebenen Pfade halten. Zum einen lassen sie sich so viel besser unter Kontrolle halten und es lässt sich auch das gewünschte China-Bild vom fortschrittlichen und wohlhabenden Land ins Ausland vermitteln. Zum anderen ist auf diese Weise ein maximaler Kontakt zwischen Händlern und Reisenden garantiert. Es ist daher wahrscheinlich kein Zufall, dass gerade die Strecken besonders gut auf Englisch ausgeschildert sind, die sich aus chinesischer Sicht für den Besuch von Ausländern »eignen«. Oder andersherum gesagt: Die bekannten Wege zu verlassen, kann für nicht sprachkundige Reisende ganz schön schwierig werden.

Menschen, die sich bei diesem Versuch verirren, mögen sich ins Gedächtnis rufen: Niemand geht in China verloren. Versprochen. Dafür sind wir Ausländer viel zu auffallend. Womit wir beim eigentlichen Problem wären. Nach einigen Wochen China würde man nämlich doch ganz gerne mal verloren gehen. Permanentes Angestarrtwerden, An-der-Nase herumgeführt-Werden, die erhöhten Ausländerpreise und immer gleichen Fragen zerren auch an abgehärteten Vielreisenden. Allerdings dürfen Sie sich freuen, es gibt demnächst garantiert viele Gelegenheiten zur Revanche: Bereits im Jahr 2020 sollen die Chinesen den größten Anteil aller Reisenden weltweit stellen, auch in Europa.

Na, die können was erleben!

Christoph Neumann

Darum nerven Japaner

Der ungeschminkte Wahnsinn des japanischen Alltags. 192 Seiten.
Piper Taschenbuch

»Darum nerven Japaner« ist der ungeschminkte Bericht eines Deutschen, der in Japan lebt. Er weiß alles, sogar, wo man im Land des Lächelns ernste Zombies findet und wie (und warum!) Japaner sich auf »Off« stellen. Wußten Sie, daß ein japanischer Gasableser an einem erfolgreichen Arbeitstag bis zu fünfzig Mal Hausschuhe anziehen muß, damit aber nicht aufs Klo seiner Gastgeber darf? Lernen Sie Japan kennen und seinen veritablen Wahnsinn, seine witzigen und haarsträubenden Sitten, Vorschriften, Verbote. Aber bitte beachten Sie die Regeln!

»Ein komisches Kaleidoskop fernöstlicher Rätselhaftigkeit, das nicht nur Japaner amüsiert.«
Mainpost

Dai Sijie

Balzac und die kleine chinesische Schneiderin

Roman. Aus dem Französischen von Giò Waeckerlin Induni. 200 Seiten. Piper Taschenbuch

Zwei pfiffige chinesische Studenten, die zur »kulturellen Umerziehung« in ein abgelegenes Bergdorf ans Ende der Welt verschickt wurden, merken bald, dass sie nur eine einzige Möglichkeit haben zu überleben: Sie müssen in den Besitz jenes wunderbaren Lederkoffers gelangen, der die – verbotenen – Meisterwerke der westlichen Weltliteratur enthält. Denn nur mit ihnen können sie den Widrigkeiten ihres Daseins entkommen – und vielleicht am Ende das Herz der kleinen Schneiderin gewinnen.

»Dies ist die schönste Liebeserklärung des Jahres: an die Literatur, an das Leben, an die Ironie, an eine Frau: Es ist außerdem die frechste, charmanteste Lektion zum Thema Freiheit … Wenn Sie nur einen Roman dieses Jahr lesen wollen, lesen Sie diesen, er wiegt hundert andere auf.«
Le Figaro Magazine

05/2150/02/L   05/1449/03/R

PIPER

Kai Strittmatter
Gebrauchsanweisung für China

Überarbeitete und erweiterte Neuausgabe. 272 Seiten mit
einer Karte. Gebunden

Nein, nicht in Italien: Chinakenner Kai Strittmatter weiß, wo
Pasta und Fußball wirklich erfunden wurden. Wieso Sie
China nie ohne Ohrenstöpsel betreten sollten. Wie Sie sich für
Zufallsbegegnungen im Zugabteil oder auf dem Plumpsklo
wappnen. Weshalb Chinesen am liebsten in Scharen auftauchen und wieso sie sehr wohl das »r« rollen können. Warum sie uns plötzlich die Milch wegtrinken und was sie außer
»Sissi« und Audis sonst noch an Deutschland mögen. Dass
der Mao-Anzug in China gar nicht Mao-Anzug heißt und
trotzdem ein Comeback als schickes Modezitat feiert. Wie
die Kommunisten heute Konfuzius und die Pandabären für
sich einspannen und überhaupt die größte Fälschung des
Landes sind. Und was bei alledem Frühlingsrollen und Weiß-
würste gemeinsam haben.

01/1622/02/R